Werner Renz

Fritz Bauer und das Versagen der Justiz

Von der »Tragödie« der bundesdeutschen Verfahren gegen nationalsozialistische Gewaltverbrecher schreibt Fritz Bauer im März 1966 in einem Brief an seinen Freund Thomas Harlan. Die bundesdeutsche Strafjustiz kannte ausschließlich Haupttäter wie Hitler, Himmler, Heydrich etc. und wenige Mittäter. In der rechtlichen Aburteilung der an den Menschheitsverbrechen des Holocaust Beteiligten erkannten die Gerichte meist auf bloße Gehilfenschaft.

Werner Renz legt hier Bauers Vorstellungen vom Sinn und Zweck der NS-Prozesse dar und analysiert die Vorgeschichte und den Verlauf des Frankfurter Auschwitz-Prozesses (1963–1965).

Werner Renz, Germanistik- und Philosophie-Studium an der Goethe-Universität in Frankfurt a.M., wissenschaftlicher Mitarbeiter am Fritz Bauer Institut in der Abteilung Archiv und Bibliothek, Redakteur der EINSICHT. Bulletin des Fritz Bauer Instituts. Seine Arbeitsschwerpunkte sind: Geschichte der Frankfurter Auschwitz-Prozesse, Geschichte des Konzentrationslagers Auschwitz-Birkenau. Zahlreiche Veröffentlichungen dazu.

Werner Renz

Fritz Bauer und das Versagen der Justiz

Nazi-Prozesse und ihre »Tragödie«

Europäische Verlagsanstalt

Renz, Werner:
Fritz Bauer und das Versagen der Justiz. Nazi-Prozesse und ihre »Tragödie«

Bibliografische Information der Deutschen Nationalbibliothek
Die Deutsche Nationalbibliothek verzeichnet diese Publikation in der Deutschen Nationalbibliografie; detaillierte bibliografische Daten sind im Internet über http://dnb.d-nb.de abrufbar.

2. unveränderte Auflage 2023

Signet: Dorothee Wallner nach Caspar Neher »Europa« (1945)

Printed in Germany
ISBN 978-3-86393-068-4

Informationen zu unserem Verlagsprogramm finden Sie im Internet unter www.europaeischeverlagsanstalt.de

Inhaltsverzeichnis

Anhang

EINLEITUNG

»Sie sollten den Leuten klar machen,
die in mir einen Protagonisten einer
Vergangenheitsbewältigung sehen,
daß es mir noch keine Sekunde
um die Vergangenheit ging,
sondern um Gegenwart und Zukunft.«[1]

Von der »Tragödie« der bundesdeutschen Verfahren gegen nationalsozialistische Gewaltverbrecher schrieb Fritz Bauer (1903–1968) im März 1966 in einem Brief an seinen Freund Thomas Harlan.[2] Bauer blickte voller Resignation und Bitterkeit insbesondere auf Prozesse zurück, die vor dem Frankfurter Landgericht verhandelt worden waren. Da war zum einen das skandalöse Urteil im Verfahren gegen die beiden Mitarbeiter Adolf Eichmanns, Hermann Krumey und Otto Hunsche, die im Sommer 1944 zusammen mit dem »Spediteur des Todes« 438.000 Juden aus Ungarn nach Auschwitz deportiert hatten.[3] Da war zum anderen der spektakuläre Auschwitz-Prozess mit der Verurteilung von zehn

[1] Fritz Bauer an Melitta Wiedemann im Jahr 1964, in: *Gewerkschaftliche Monatshefte*, Jg. 19 (August 1968), H. 8, S. 492.

[2] Werner Renz (Hrsg.), *»Von Gott und der Welt verlassen«. Fritz Bauers Briefe an Thomas Harlan.* Mit Einführungen und Anmerkungen von Werner Renz und Jean-Pierre Stephan, Frankfurt am Main, New York: Campus Verlag, 2015, S. 134.

[3] Das Krumey-Hunsche-Urteil wurde vom BGH aufgehoben. In der Neuverhandlung vor dem Landgericht Frankfurt am Main wurde Krumey mit Urteil vom 29.8.1969 zu lebenslangem, Hunsche zu zwölf Jahren Zuchthaus verurteilt. Siehe das Urteil in: C. F. Rüter u.a. (Hrsg.), *Justiz und NS-Verbrechen*, Amsterdam: Amsterdam/München: University Press/K.G. Saur Verlag, Bd. XXXIII, S. 5–64.

Angeklagten nur wegen Beihilfe und nicht wegen Mittäterschaft zum Mord.[4]

Warum sprach Bauer im Rückblick auf die NS-Prozesse von ihrer »Tragödie«? Hatten die Verfahren nicht geleistet, worum es ihm vorrangig und erklärtermaßen ging?

Umfassende politische Aufklärung durch zweifelsfreie Tatsachenfeststellungen der Schwurgerichte sowie die in der Beweisaufnahme zu Gehör gebrachten Stimmen der überlebenden Opfer waren unstrittig wichtigste Ergebnisse der NS-Prozesse. Doch hatten die Strafgerichte das Tun und Lassen der Angeklagten tatangemessen qualifiziert? Hatten sie die strafrechtliche Verantwortung der NS-Verbrecher überzeugend gewürdigt?

Die bundesdeutsche Strafjustiz kannte als »Haupttäter« und »Taturheber« nur Hitler, Himmler und Heydrich etc. und nur wenige weitere Täter und Mittäter. Diese hatten entweder eigenmächtig und befehlslos getötet oder sich im Konsens mit der verbrecherischen Staatsführung die befohlenen Taten zu eigen gemacht, sie als eigene gewollt.

In den bundesdeutschen NS-Prozessen wurden von den rund 6600 verurteilten Angeklagten nur circa 170 als Mörder qualifiziert und zu lebenslangem Zuchthaus verurteilt.[5]

---

[4] Siehe das Urteil vom 19./20.8.1965 in: Raphael Gross, Werner Renz (Hrsg.), *Der Frankfurter Auschwitz-Prozess (1963–1965). Kommentierte Quellenedition.* Mit Abhandlungen von Sybille Steinbacher und Devin O. Pendas, mit historischen Anmerkungen von Werner Renz und juristischen Erläuterungen von Johannes Schmidt. Frankfurt am Main, New York: Campus Verlag, 2013, Bd. 2, S. 575–1236. – Das freisprechende Urteil gegen drei »Euthanasie«-Ärzte kam Mitte 1967 noch erschwerend hinzu; siehe das Urteil in: C. F. Rüter u.a. (Hrsg.), *Justiz und NS-Verbrechen*, Bd. XLVII, S. 232–283.

[5] Wilhelm Dreßen, »Juristischer Umgang mit dem Holocaust. Die Entwicklung der Ermittlungsarbeit nach dem Krieg und die Zentrale Stelle zur Aufklärung von NS-Gewaltverbrechen«, in: … *und hörten auf, Menschen zu sein: Der Weg nach Auschwitz,* im Auftrag des Bundesarchivs hrsg. von Manfred Mayer, Paderborn u.a.: Ferdinand Schöningh Verlag, 2005,

Unter den abertausenden Mitwirkenden an der Shoah[6] waren der nachsichtigen Justiz die bloßen Gehilfen geradezu Legion. In der rechtlichen Würdigung der Tatbeteiligung an dem Menschheitsverbrechen, das wir heute Shoah nennen, erkannten die Gerichte meist nur auf Gehilfenschaft. Das Personal der Vernichtungslager, die Angehörigen von Erschießungskommandos (Einsatzgruppen), die Mitarbeiter von Gestapostellen, die Juden in Ghettos und Todeslager deportierten, hatten nach Auffassung der deutschen Strafrichter die befohlene Tat, die Judenvernichtung, nur als fremde Tat fördern und unterstützen und nicht als eigene begehen wollen.

Bauer hatte sich Ende der 1950er Jahre, als er voller Energie in Hessen NS-Verfahren in Gang brachte, von den Prozessen viel erhofft. Sie sollten den Deutschen »Schule« und »Lehre« sein und »Lektionen« erteilen. Die Bundesdeutschen im Wirtschaftswunderland erwiesen sich freilich als ungelehrige Schüler. Die Prozesse erzielten nicht die volkspädagogische Wirkung, die Bauer um einer besseren Zukunft willen erwartet hatte.

Bereits im schwedischen Exil befasste sich der deutsche Patriot Bauer mit der Frage der justiziellen Ahndung der NS-Verbrechen und veröffentlichte 1944/1945 sein Buch *Die Kriegsverbrecher vor Gericht* gleich in drei Sprachen, auf Schwedisch, Dänisch und Deutsch.[7] In einem Beitrag für

---

S. 103. – Wilhelm (Willi) Dreßen war von 1996 bis 2000 Leiter der Zentralen Stelle in Ludwigsburg.

[6] Siehe die Angaben bei Dieter Pohl, *Verfolgung und Massenmord in der NS-Zeit 1933–1945*, Darmstadt: Wissenschaftliche Buchgesellschaft, 2003, S. 154 f.

[7] Fritz Bauer, *Krigs-forbrytarna inför domstol.* Stockholm: Verlag Natur och Kultur, 1944 (schwedische Ausg.); ders., *Krigsforbrydere for domstolen.* København: Westermann, 1944 (dänische Ausg.); ders., *Die*

die von ihm und Willy Brandt herausgegebene Exilzeitung *Sozialistische Tribüne* vom Februar 1945 erörterte Bauer die notwendige »Abrechnung mit den Kriegsverbrechern« und sprach sich im Namen der »deutschen Opposition« für eine »durchgreifende Revolution gegen Kriegsanstifter, Kriegsverbrecher und Verbrecher am deutschen Volke«[8] aus. Mit Revolution meinte er eine auf »revolutionäres Recht« gestützte Aburteilung der NS-Verbrecher, das heißt, mit Hilfe eines Rechts, das erst rückwirkend zu schaffen sei. Auf der Grundlage des geltenden Rechts war nach Bauer die geforderte »Abrechnung« nicht möglich. So heißt es: »Die nazistische Revolution muss durch eine antinazistische Gegenrevolution beseitigt werden. Die Antinazisten können einen Mittelweg beschreiten, indem sie revolutionäre Gesetze und Revolutionstribunale mit rückwirkender Kraft schaffen, aber auch dieser Weg ist nicht der des geltenden Rechts, sondern der Weg revolutionären Rechts. Bestimmt sich das Volk zu ihm, werden wir nicht nur den Alliierten viele Schwierigkeiten abnehmen. Wir werden auch die Glaubwürdigkeit und Effektivität eines neuen Deutschland beweisen.«[9]

Anders als Bauer sich erhofft hatte, haben die Alliierten und nicht die Deutschen Nürnberg veranstaltet. Es gab keine »Antinazisten« als politisch starke und einflussreiche Kraft, weder im Exil noch im besetzten Deutschland, die gegenüber den Alliierten eine juristische Selbstreinigung hätten durchsetzen können. Bauer war diese Entwicklung keineswegs recht. In einem Artikel über den Nürnberger Prozess meinte er: »Deutsche Antinazisten bedauern, dass die Verurteilung der nazistischen Verbrechen durch alliierte und

---

Kriegsverbrecher vor Gericht. Mit einem Nachwort von H. F. Pfenninger. Zürich: Europa Verlag, 1945.

8 Fritz Bauer, »Die Abrechnung mit den Kriegsverbrechern«, in: *Sozialistische Tribüne*, H. 2, Februar 1945, S. 12.

9 Ebd., S. 13.

nicht durch deutsche Gerichte erfolgt. [...] Sie bedauern es, weil deutsche Gerichte Gelegenheit gehabt hätten, klar und deutlich der Weltöffentlichkeit zu zeigen, dass das neue Deutschland wieder ein Rechtsstaat geworden ist, der mit der rechtlosen Vergangenheit bricht und die nazistischen Vorstellungen, Macht sei Recht, verflucht.«[10]

Die Ahndung der NS-Verbrechen haben in den ersten drei Jahren nach Kriegsende die »Sieger« den Deutschen wohlweislich abgenommen. Vor deutschen Gerichten hat es wohl Prozesse zum Teil auf der Grundlage des zur Tatzeit geltenden Rechts, zum Teil auf den von den Alliierten rückwirkend geschaffenen Gesetzen (Kontrollratsgesetz Nr. 10) gegeben. Denunziationsdelikte, Verbrechen im November 1938 und sogenannte Endphasenverbrechen wurden zumeist verhandelt. Die deutsche Gerichtsbarkeit beschränkte sich freilich auf Verbrechen von Deutschen an Deutschen und an Staatenlosen. In den 1950er Jahren ging die Zahl der deutschen Verfahren stark zurück. Eine »Zeit der Stille« trat ein. Die NS-Vergangenheit erschien Politik, Justiz und Öffentlichkeit weitgehend als erledigt.[11] 1960 konstatierte Bauer in einem Aufsatz über die »ungesühnte Nazijustiz«, die fällige »geistige Revolution der Deutschen«[12] sei ausgeblieben.

Als Bauer seit Frühjahr 1956 in Hessen den rechtspolitischen Freiraum durch die von Georg August Zinn geführte Landesregierung erhielt, verstärkt NS-Verbrecher

---

[10] Fritz Bauer, »›Recht oder Unrecht ... mein Vaterland‹«, in: *Deutsche Nachrichten*, Nr. 24, 24.6.1946, S. 2.

[11] Siehe Norbert Frei, *Vergangenheitspolitik. Die Anfänge der Bundesrepublik und die NS-Vergangenheit*, München: C. H. Beck Verlag, 1996 und Andreas Eichmüller, *Keine Generalamnestie. Die Strafverfolgung von NS-Verbrechen in der frühen Bundesrepublik*, München: Oldenbourg Verlag, 2012.

[12] Fritz Bauer, »Die ›ungesühnte Nazijustiz‹«, in: *Die Neue Gesellschaft*, Jg. 7 (1960), H. 3, S. 189.

zu verfolgen und Ermittlungsverfahren einzuleiten, mussten die Staatsanwaltschaften und die Schwurgerichte mit dem Strafgesetzbuch (StGB) von 1871 hantieren. Bauer wusste nur allzu gut, dass das StGB kein geeignetes Instrument war, die NS-Verbrechen zu ahnden. Er hoffte, wie er wiederholt betonte, auf die rechtsschöpferische Kraft einer Gerechtigkeit anstrebenden Justiz. Daraus ist aber nichts geworden. Die Schwurgerichte wandten das gute alte Recht an, das als Individualstrafrecht wenig tauglich war, die kollektiv begangenen Massenverbrechen tatangemessen zu judizieren.

Mithin musste Bauer angesichts des Widerstands sowohl an den neun hessischen Landgerichten als auch am Bundesgerichtshof mit seinem Vorhaben, die NS-Verbrechen umfassend ahnden zu lassen, scheitern. Dabei ging es Bauer nicht um Schuldsühne, um Tatvergeltung. Seine Anstrengung, die NS-Täter vor Gericht zu bringen, resultierte vielmehr aus seinem Bestreben, auch mit Hilfe von Strafprozessen Sachaufklärung zu betreiben und die »historische Wahrheit« über die NS-Verbrechen »kund und zu wissen zu tun«.[13]

Bauer hatte die Hoffnung, mit Hilfe von Verfahren gegen NS-Verbrecher den Deutschen das Spiegelbild ihres eigenen Handelns in den Jahren 1933 bis 1945 vor Augen führen zu lassen. In einem Prozess der Selbsterkenntnis sollten sie zu dem Ergebnis gelangen, dass sie hätten Nein sagen, sich dem Regime, seinen Untaten, seinen verbrecherischen Befehlen, verweigern müssen.

Wenn Bauer erwartete, dass die NS-Prozesse den Deutschen eine »Unterrichtsstunde« erteilten, ihnen ein Lehrstück seien, bei ihnen Lernprozesse in Gang setzten, so deshalb, weil er den Glauben hatte, die Deutschen um einer besseren Zukunft willen zu engagierten Demokraten erziehen zu können, zu Menschen somit, die unsere in der Verfassung

---

[13] Fritz Bauer, »Warum Auschwitz-Prozeß?«, in: *Konkret,* Nr. 3, März 1964, S. 12.

festgeschriebenen Grundwerte achten und die universell gültigen Menschenrechte verteidigen.

Bauer, der sich nach 1945 eindeutig zu Nürnberg bekannt hatte, die Ablehnung der alliierten Gesetzgebung durch Politik und Justiz Anfang der 1950er Jahre als nunmehr bestallter Justizjurist freilich nicht weiter thematisieren konnte, sprach sich – mit Gustav Radbruch[14] – erst Mitte der 1960er Jahre explizit wieder für die Rechtsgrundlagen der Nürnberger Prozesse aus.

In seinem posthum veröffentlichten Beitrag für die Radbruch-Gedächtnisschrift heißt es: »Das Kontrollratsgesetz [Nr. 10] gab der deutschen Rechtspflege eine Chance, einer Zeit revolutionären Unrechts, die Radbruch dämonisch und apokalyptisch nannte, durch revolutionäres Recht Herr zu werden. Das Kontrollratsgesetz und Radbruchs Stellungnahme zu ihm stießen auf Kritik und Ablehnung besonders durch den Bundesgerichtshof. Er weigerte sich, es anzuwenden. Man wünschte keine Revolution, nicht einmal in Gesetzesform und mit den Mitteln der Rechtspflege.«[15]

Bauers Radbruch-Aufsatz ist unter Rekurs auf seine Nürnberg-Texte zu lesen. 1968 bezog er sich angesichts des Fehlschlags, den die NS-Prozesse seiner Ansicht nach weitgehend bedeuteten, auf sein radikales Denken nach Auschwitz,

---

[14] Gustav Radbruch, »Zur Diskussion über die Verbrechen gegen die Menschlichkeit», in: *Süddeutsche Juristen-Zeitung*, Sondernummer, März 1947, Sp. 131–136.

[15] Fritz Bauer, »Das ›gesetzliche Unrecht‹ des Nationalsozialismus und die deutsche Strafrechtspflege«, in: *Gedächtnisschrift für Gustav Radbruch, 21.11.1878–23.11.1949*, hrsg. von Arthur Kaufmann, mit einem Geleitwort von Gustav Heinemann, Göttingen: Vandenhoeck & Ruprecht Verlag, 1968, S. 302–307, hier: S. 307. Siehe hierzu auch Ilse Staff, »Überlegungen zum Staat als ›Vereinigung einer Menge von Menschen unter Rechtsgesetzen‹«, in: *Blätter für deutsche und internationale Politik*, Jg. 38 (1993), H. 12, S. 1520–1529, hier: S. 1528 f.

auf seine 1945/46 veröffentlichten Auffassungen, die freilich in der Bundesrepublik eingedenk der personellen Kontinuitäten in Politik und Justiz und der allgemeinen politischen Situation zu Beginn des Kalten Krieges nie eine Chance gehabt hatten.

Die deutscherseits geforderte Entlassung der »Kriegsverurteilten« aus alliierter Haft, die Ablehnung der Nürnberger Rechtsgrundsätze, das Beharren auf der Anwendung des Rechts zur Tatzeit, das grassierende Gnadenfieber mit Beginn der Ost-West-Konfrontation, die Reintegration der Beamten des NS-Unrechtsstaats durch das »131er-Gesetz«, die bereitwillig vorgenommene Auslegung des »Überleitungsvertrags« von 1955 mit ihren verheerenden Konsequenzen für die Belangung derjenigen, gegen die alliierte Stellen wegen »Kriegsverbrechen« bereits Verfahren durchgeführt hatten, die Straffreiheitsgesetze von 1949 und 1954, die Verjährung von Totschlag 1960 – all diese von Politik und Justiz zu verantwortenden Entwicklungen sah und beklagte Bauer.

Nach dem Auschwitz-Prozess dachte er anders als nach Auschwitz. Hatte er um 1945 noch die Hoffnung auf Ein- und Umkehr der Deutschen, musste er sich Mitte der 1960er Jahre eingestehen, dass »die Scheu des deutschen Bürgers [...], mit den gebieterisch fordernden Lehren der Prozesse«[16] sich zu konfrontieren, stärker war als alle Bereitschaft, die Vergangenheit zu »bewältigen«. Dennoch hielt Bauer, nunmehr eher verzweifelt als hoffnungsvoll, an seinem »Erziehungsidealismus«, an seinem Glauben an eine »neue Pädagogik

[16] Fritz Bauer, »Im Namen des Volkes. Die strafrechtliche Bewältigung der Vergangenheit«, in: Helmut Hammerschmidt (Hrsg.), *Zwanzig Jahre danach. Eine deutsche Bilanz 1945–1965*. München: Kurt Desch Verlag, 1965, S. 310; ebenso in: Fritz Bauer, *Die Humanität der Rechtsordnung. Ausgewählte Schriften*, hrsg. von Joachim Perels und Irmtrud Wojak, Frankfurt, New York: Campus Verlag, 1998, S. 85.

der Menschlichkeit«[17] fest. Im Nachwort zur Buchausgabe seines berühmten, 1960 in Mainz gehaltenen Vortrags »Die Wurzeln nationalsozialistischen Handelns«, meinte er: »Die Zukunft ist zu gestalten, sie fällt uns nicht als Frucht ethischer Selbstverantwortung in den Schoß. Unsere politischen und sozialen Kräfte, unser Wille zur Utopie ist zu realisieren.«[18]

Zeitlebens gab Bauer nicht auf und arbeitete rastlos und unermüdlich für ein besseres Deutschland. Sein Zukunftsglaube, sein Optimismus blieben aber immer fragil. Mit Blick auf die Deutschen zitierte er wiederholt aus Friedrich Hölderlins *Hyperion oder Der Eremit in Griechenland* (1797/99). Hyperion schreibt über die Deutschen an seinen Freund Bellarmin: »Es ist ein hartes Wort und dennoch sag ichs, weil es Wahrheit ist: ich kann kein Volk mir denken, das zerrißner wäre, wie die Deutschen. Handwerker siehst du, aber keine Menschen, Denker, aber keine Menschen, Priester, aber keine Menschen, Herrn und Knechte, Jungen und gesetzte Leute, aber keine Menschen – ist das nicht, wie ein Schlachtfeld, wo Hände und Arme und alle Glieder zerstückelt untereinander liegen, indessen das vergoßne Lebensblut im Sande zerrinnt?«[19]

Bauer zitierte die Passage nicht vollständig in seinem Mainzer Vortrag, merkte aber zu dem über die Deutschen bitter klagende Dichter an, er habe gelitten und sei zerbrochen.[20]

---

17 Miloš Vec, »Der Gerichtssaal als Klassenzimmer der Nation«, in: *Frankfurter Allgemeine Zeitung* vom 3.2.2000, Nr. 28, S. 14 (Rezension von Fritz Bauer, *Die Humanität der Rechtsordnung. Ausgewählte Schriften*, hrsg. von Joachim Perels und Irmtrud Wojak, Frankfurt am Main, New York: Campus Verlag, 1998).

18 Fritz Bauer, *Die Wurzeln faschistischen und nationalsozialistischen Handelns,* Frankfurt am Main: Europäische Verlagsanstalt, 1965, S. 77.

19 Friedrich Hölderlin, *Werke und Briefe*, hrsg. von Friedrich Beißner und Jochen Schmidt, Bd. 1, Frankfurt am Main: Insel Verlag, 1969, S. 433.

20 Bauer, *Wurzeln faschistischen und nationalsozialistischen Handelns,* S. 26.

Betrachtet man Bauer in seiner Gesamtheit, in seiner amtlichen Funktion, in seiner publizistischen Aktivitäten und in seinen privaten Verlautbarungen, ist man versucht, von ihm Ähnliches zu sagen. Seinem öffentlichen Optimismus kontrastierte sein privater Pessimismus. Im Gespräch mit Gerhard Zwerenz redete er von den »heiligen Irrtümern«[21] der Emigranten, die nach wenigen Jahren Bundesrepublik recht verzweifelt feststellen mussten, wie ihre Hoffnungen zerstoben.

Bauer war ein überaus moderner Mensch, der die neuesten Ergebnisse der Wissenschaften rezipierte und die avancierte Kunst liebte. Er war aber auch zutiefst traditionell, präferierte Goethe im Fernsehen statt Krimis, hielt die Darstellung vorbildlichen Verhaltens für ein probates Erziehungsmittel, sprach sich für die Präsentation des nachahmenswerten Guten aus. Bauer verschrieb sich selbsttherapeutisch einem »Erziehungsidealismus«[22], um nicht alle Lebenskraft zu verlieren. Seine Entscheidung, aus der Emigration zurückgekehrt zu sein, stellte er fortwährend in Frage. Die Bundesrepublik unter Konrad Adenauer, Ludwig Erhard und Kurt Georg Kiesinger, bessere Zeiten erlebte er leider nicht mehr, war ihm ein Graus. Er sah das Land auf dem Weg »nach rechts« und fürchtete eine »negative Utopie«.[23]

Gesundheitlich schwer angeschlagen war Bauer uneins mit sich selbst. Er beantragte eine Verlängerung seiner Dienstzeit bis ins Jahr 1971 und sprach zugleich davon, vorzeitig aus seinem Amt auszuscheiden und möglicherweise nach Israel umzusiedeln.[24] Weder auf den Feldern der Strafrechts- und

---

[21] Gerhard Zwerenz, »Gespräche mit Fritz Bauer«, in: *Streit-Zeitschrift* , H. VI, 2, September 1968, S. 92.

[22] Vec, »Gerichtssaal als Klassenzimmer der Nation«, S. 14.

[23] Zwerenz, »Gespräche mit Fritz Bauer«, S. 93.

[24] In einem kurzen Beitrag zum gestellten Thema »Der Staat und die Intellektuellen« schrieb Bauer mit Blick auf die von der Politik gescholtenen Intellektuellen: »Auszuwandern wäre unverständlich. Auszuhalten

Strafvollzugsreform gab es nach Bauer die notwendigen Fortschritte. Auch auf dem Gebiet der justiziellen Aufarbeitung der NS-Vergangenheit hatten nach Bauer Politik und Justiz versagt. Zurecht ist mit Blick auf den Lüneburger Gröning-Prozess festgestellt worden, dass »die schweren Versäumnisse bei der Strafverfolgung der Nazi-Verbrechen [...] ein ewiger Makel der Nachkriegsjustiz«[25] bleiben.

Vergeblich hat Bauer in der Justiz sein Bestes versucht und die Anstrengung unternommen, den Deutschen die »Pflicht zum Ungehorsam«[26] und zum »Nein gegenüber staatlichem Unrecht«[27] zu lehren. Seine Saat ist zu seinen Lebzeiten nicht mehr aufgegangen.

---

ist eine vielleicht unangenehme, aber menschen- und völkerfreundliche Pflicht.« (In: *Tribüne. Zeitschrift zum Verständnis des Judentums*, Jg. 5 (1966), H. 17, S. 1800)

[25] Heiko Maas, »Held und Helfer in Zeiten des Terrors«, in: *Frankfurter Allgemeine Sonntagszeitung* vom 26.4.2015, Nr. 17, S. 11.

[26] Fritz Bauer, »Ungehorsam und Widerstand in Geschichte und Gegenwart«, in: *Vorgänge. Eine kulturpolitische Korrespondenz*, Jg. 7 (1968), H. 8–9, S. 291.

[27] Bauer, »Im Namen des Volkes«, S. 314.

FRITZ BAUER ZUM ZWECK DER NS-PROZESSE

Mithilfe der Strafjustiz, durch Prozesse gegen NS-Verbrecher, wollte der hessische Generalstaatsanwalt Fritz Bauer (1903–1968) einen Beitrag zur politischen Aufklärung und Bewusstseinsbildung, zur Wissensvermittlung und Reeducation in der Bundesrepublik Deutschland leisten. Bauer ging es dabei weniger um die Vergangenheit als um die bundesdeutsche Gegenwart und Zukunft. In einer Zeit grassierender Schlussstrichmentalität tat er sich mit seinem Vorhaben freilich recht schwer. Um zu begründen, warum Verfahren gegen NS-Täter circa 20 Jahre nach der Tat noch zu führen seien, verwies Bauer nicht allein auf das Legalitätsprinzip, wenn er einer wenig ahndungswilligen Justiz und einer abgeneigten Öffentlichkeit Anfang der 1960er Jahre eine Antwort auf die viel gestellte Frage zu geben versuchte. Das deutsche Recht transzendierend war Bauer der Auffassung, die von ihm geltend gemachte »Opportunitätsmaxime«[1] stelle keinesfalls einen Rechtsverstoß dar, Nützlichkeitserwägungen seien im Fall der präzedenzlosen NS-Verbrechen durchaus legitim.

Bereits vor dem herbeigesehnten Sieg über Nazi-Deutschland stellte der Exilant Bauer volkspädagogische Überlegungen an, wie Hitlers Gefolgsleute, die gleichsam aus der zivilisierten Welt gefallen waren, wieder in die Menschengemeinschaft zurückzuführen seien. In seinem in Schweden verfassten Werk *Die Kriegsverbrecher vor Gericht*

---

[1] Fritz Bauer, »Antinazistische Prozesse und politisches Bewußtsein. Dienen NS-Prozesse der politischen Aufklärung?«, in: *Antisemitismus. Zur Pathologie der bürgerlichen Gesellschaft*, hrsg. von Hermann Huss und Andreas Schröder, Frankfurt am Main: Europäische Verlagsanstalt, 1965, S. 169.

legte er – durchaus im Stile eines Praeceptor Germaniae – mit Entschiedenheit dar: »Das deutsche Volk braucht eine Lektion im geltenden Völkerrecht. [...] Die Prozesse gegen die Kriegsverbrecher können Wegweiser sein und Brücken schlagen über die vom National-Sozialismus unerhört verbreiterte Kluft«[2] zwischen den Deutschen und den Völkern, die unter dem NS-Regime gelitten hatten beziehungsweise am opferreichen Krieg gegen Hitler-Deutschland beteiligt gewesen waren. Die Prozesse »können und müssen dem deutschen Volk die Augen öffnen für das, was geschehen ist[,] und ihm einprägen[,] wie man sich zu benehmen hat«.[3]

Bauer brachte seine Hoffnung zum Ausdruck, »das deutsche Volk« werde aus Einsicht in die eigene so überaus desolate moralische Verfassung nach dem verschuldeten und verlorenen Krieg und angesichts der verübten Massenverbrechen »das Schwert des Krieges mit dem Schwert der Gerechtigkeit«[4] vertauschen. Mit der ihm eigenen Emphase meinte der Patriot Bauer: »Ein ehrliches deutsches ›J'accuse‹ würde das ›eigne Nest nicht beschmutzen‹ (es ist schon beschmutzt und die Solidarität mit den Verbrechern würde es noch mehr beschmutzen). Es wäre ganz im Gegenteil das Bekenntnis zu einer neuen deutschen Welt«, einem – und Bauer zitiert Johann Gottlieb Fichte – »wahrhafte[n] Reich des Rechts«, das sich auf Freiheit, Gleichheit und Brüderlichkeit gründet.[5]

In Strafverfahren gegen NS-Täter ging es Bauer erklärtermaßen nicht um Tatsühne und Schuldvergeltung.[6] Zweck der Strafprozesse war vielmehr, Lernprozesse bei den

---

[2] Fritz Bauer, *Die Kriegsverbrecher vor Gericht,* mit einem Nachwort von H. F. Pfenninger, Zürich: Europa Verlag, 1945, S. 211. Das Werk ist 1944/45 auch auf Schwedisch und Dänisch erschienen.

[3] Ebd.

[4] Ebd.

[5] Ebd.

[6] Fritz Bauer, »Der SS-Staat in Person« (Interview mit Thomas Gnielka), in: *Weltbild,* Jg. 16, Nr. 3 (13.1.1961), S. 3.

Deutschen anzustoßen, der Selbstaufklärung zu dienen, den Deutschen einen »historischen, rechtlichen und moralischen Unterricht«[7] zu erteilen. Die Verfahren sollten auf die vom Nazismus infizierten Deutschen einwirken, gegen totalitäre Anfechtungen immunisieren, für den Kampf um die Menschenrechte sensibilisieren, Zivilcourage lehren. Im Glauben an die Erziehbarkeit des Menschen (Bauer stand ganz und gar in der Tradition von Lessing und Schiller), in der Hoffnung auf Ein- und Umkehr der Deutschen, hatten die Prozesse – selbstverständlich streng nach Recht und Gesetz, aber auch öffentlichkeits- und medienwirksam durchgeführt – den Deutschen »Schule«[8] und »Unterrichtsstunde«[9] zu sein. Notwendige »Lehren«[10] hatten die Deutschen zu ziehen, sollte dem (west-)deutschen Volk, dem die Sieger (und Befreier) eine noch instabile Demokratie beschert hatten, eine Zukunft in Freiheit und Frieden beschieden sein. Bauers Vorhaben gründete sowohl auf seiner schonungslosen Analyse des Naziregimes und dessen in der Bundesrepublik sich wiederfindenden Anhängerschaft als auch auf der ihn quälenden Sorge um Deutschlands Gegenwart und Zukunft.

---

[7] Fritz Bauer, »Im Namen des Volkes. Die strafrechtliche Bewältigung der Vergangenheit«, in: *Zwanzig Jahre danach. Eine deutsche Bilanz 1945–1965.* Achtunddreißig Beiträge deutscher Wissenschaftler, Schriftsteller und Publizisten, hrsg. von Helmut Hammerschmidt, München: Verlag Kurt Desch, 1965, S. 302; Nachdruck in: Fritz Bauer, *Die Humanität der Rechtsordnung. Ausgewählte Schriften,* hrsg. von Joachim Perels und Irmtrud Wojak, Frankfurt am Main, New York: Campus Verlag, 1998, S. 78.

[8] Fritz Bauer, »Nach den Wurzeln des Bösen fragen«, in: *Die Tat* vom 7.3.1964, Nr. 10, S. 12.

[9] Ebd.

[10] Bauer, *Humanität,* S. 85.

Bauers Diagnose

Nach Bauers tiefster Überzeugung gab es »in Deutschland nicht nur den Nazi Hitler und nicht nur den Nazi Himmler. Es gab Hunderttausende, Millionen anderer, die das, was geschehen ist, nicht nur durchgeführt haben, weil es befohlen, sondern weil es ihre eigene Weltanschauung war, zu der sie sich aus freien Stücken bekannt haben. Und die Mehrzahl der SS war nicht bei der SS, weil sie gezwungen war, sondern sie war bei der SS, und sie war bei der Wachmannschaft im Lager Auschwitz und in Treblinka und Ma[j]danek, und die Gestapo war in aller Regel bei den Einsatztruppen [sic], weil die Leute ihren eigenen Nationalsozialismus verwirklichten.«[11] Die Deutschen waren für Bauer mithin kein verführtes und irregeleitetes, kein verantwortungsfreies und entschuldigtes Volk. Ihm zufolge war der Nazismus »eine Bewegung im deutschen Volke«[12] gewesen, möglich geworden durch Obrigkeitsdenken, Untertanengesinnung, Jasagertum, Kasernenhofmentalität, Gesetzesfrömmigkeit, Staatsvergottung und Machtverherrlichung. Die in den NS-Verbrechen zum Ausdruck gekommenen Einstellungen, Denkweisen und Geistesverfassungen, für Bauer die unbedingt auszureißenden »Wurzeln« des Nationalsozialismus, reichten weit in die Geschichte zurück. Moral und Humanität, Freiheit und Autonomie, Selbstverantwortung und Gewissen waren den Deutschen, die nach Bauer einen verhängnisvollen Sonderweg eingeschlagen hatten, abhanden gekommen. Nicht der Mensch als Ebenbild Gottes – so der bibelfeste Justizjurist – stand im Fokus des Handelns der Deutschen, sondern die

---

[11] Fritz Bauer, »Zu den Nazi-Verbrecher-Prozessen«, Das politische Gespräch, NDR vom 25. u. 28.8.1963, in: *Stimme der Gemeinde zum kirchlichen Leben, zur Politik, Wirtschaft und Kultur,* Jg. 15 (15.9.1963), H. 18, S. 568 und in: ders., *Humanität,* S. 110.

[12] Fritz Bauer, *Die Wurzeln faschistischen und nationalsozialistischen Handelns,* Frankfurt am Main: Europäische Verlagsanstalt, 1965, S. 11.

seelenlose Sache. Nicht die Menschenwürde war handlungsleitend, Sachanbetung[13] bestimmte vielmehr ihr Tun und Lassen. Toleranz, Zivilcourage, Widerständigkeit, Grundrechtssensibilität, Mitmenschlichkeit, Solidarität, Mitleid, Brüderlichkeit und Nächstenliebe galt es sich anzueignen, zu erlernen. Aus seiner Deutung des Nazismus und der konstatierten, aus geteilten Überzeugungen sich konstituierenden Gefolgschaftstreue der Volksgenossen schloss Bauer, die Deutschen seien in strafrechtlicher und tatsächlicher Hinsicht alles andere als ein Volk von Gehilfen gewesen.

Die in NS-Prozessen häufig thematisierte Frage, ob bei den Angeklagten Täterschaft oder Teilnahme vorliege, war nach den Ergebnissen von Bauers Ursachenforschung eindeutig zu beantworten. Die Tatbeteiligten in den Konzentrations- und Vernichtungslagern und die Angehörigen der Einsatzgruppen waren ihm zufolge allesamt eifrige, gläubige Nazis gewesen, hatten sich Hitlers Überzeugungen zu eigen gemacht, den Mord an den europäischen Juden als eigene Tat gewollt, ließen sich mithin strafrechtlich durchweg als Mittäter qualifizieren.[14]

Bauer entwickelte eine eigene Völkermord-Tätertypologie, die er in mehreren Texten darlegte. Insgesamt fünf Tätertypen machte er aus: Neben den »Fanatikern« und »Gläubigen«, die die Ideologeme der verbrecherischen Staatsführung teilten, unterschied er die »Formalisten« und »Blindgehorsamen«, für die Gesetz Gesetz sowie Befehl Befehl seien, ungeachtet der Frage, ob nicht durch die befohlene Tatausführung übergesetzliche Normen verletzt, menschenrechtswidrige Handlungen ausgeführt, gesetzliches Unrecht praktiziert werden. Weiter führte Bauer als dritte Gruppe die »Nutznießer« und »Opportunisten« an, denen Ideologie und Weltanschauung gleichgültig, das persönliche Fortkommen und

---

13 Ebd., S. 27.

14 Bauer, *Humanität,* S. 83.

die berufliche Karriere hingegen vorrangig seien. Personen, die einer dieser drei Gruppen zuzuordnen waren, erachtete Bauer als Täter bzw. Mittäter. Hinsichtlich der Gruppe der »missbrauchten Werkzeuge«, die unter Befehlszwang und in Befehlsnot handelten, und der fünften Gruppe, der »Mitläufer« und »Zuschauer«, legte Bauer weniger strenge Maßstäbe an. Die befehlsabhängigen Handlanger, die bloßen Instrumente der verbrecherischen Politik, qualifizierte er als Tatbeteiligte, bei denen Milderungsgründe ins Feld zu führen waren. Die Mitglieder der fünften Gruppe waren Bauer zufolge mehr als 15 Jahre nach der Tat strafrechtlich nicht mehr zu belangen.[15]

NS-Prozesse und ihre Lehren

Über Sinn und Zweck der NS-Prozesse äußerte sich Bauer häufig. In wiederholten Anläufen machte er angesichts der Abwehrhaltung vieler Deutscher den offensichtlich dringlichen Versuch, die Westdeutschen von der politisch-moralischen Bedeutung und dem sozialpädagogischen Nutzen der Verfahren zu überzeugen. Die Notwendigkeit, einer geschichtsvergessenen und vergangenheitsimmunen Öffentlichkeit die Wichtigkeit der unpopulären Prozesse erklären zu müssen, war Bauer schmerzlich bewusst. So meinte er

---

[15] Siehe Fritz Bauer, »Genocidium (Völkermord)«, in: *Handwörterbuch der Kriminologie.* Bd. I, 2. Aufl., Berlin: Walter de Gruyter, 1965, S. 272 f.; ders., »Wurzeln des Bösen«, S. 12; ders., »Warum Auschwitz-Prozesse?«, in: *Neutralität. Kritische Zeitschrift für Kultur und Politik,* H. 6–7 (1965), S. 7 ff.; ders., »Antinazistische Prozesse«, S. 176 ff.; ders., »Kriminologie und Prophylaxe des Völkermords«, in: *Recht und Politik. Vierteljahreshefte für Rechts- und Verwaltungspolitik,* Jg. 3 (1967), H. 3, S. 71 ff.; ders., »Kriminologie des Völkermords«, in: *Rechtliche und politische Aspekte der NS-Verbrecherprozesse.* Kolloquium mit Peter Schneider u.a. Fünf Vorträge von Fritz Bauer u.a., hrsg. von Peter Schneider und Hermann J. Meyer, Mainz 1968, S. 22 ff.

zum Beispiel: »Wenn die Prozesse einen Sinn haben, so ist es die unumgängliche Erkenntnis, daß Anpassung an einen Unrechtsstaat Unrecht ist. Wenn der Staat kriminell ist, weil er die Menschen- und Freiheitsrechte, die Gewissensfreiheit, das Recht auf eigenen Glauben, auf eigene Nation und Rasse, das Recht auf eigenes Leben systematisch verletzt, ist Mitmachen kriminell.«[16] Und mit Blick auf sein Anliegen, Recht und Pflicht zum Widerstand zu legitimieren: »Unsere Strafprozesse gegen NS-Täter beruhen ausnahmslos auf der Annahme einer [...] Pflicht zum Ungehorsam. Dies ist der Beitrag dieser Prozesse zur Bewältigung des Unrechtsstaates in Vergangenheit, Gegenwart und Zukunft. Diese pädagogische Aufgabe wird gern übersehen.«[17]

Als der 1. Frankfurter Auschwitz-Prozess bereits vier Monate andauerte, schrieb Bauer: »Die Prozesse sind als das Bekenntnis einer neuen Generation [...] zu Wert und Würde eines jeden Menschen gedacht.«[18] Dabei wusste er freilich allzu gut, dass die »bittere Medizin«[19], die »bittere Arznei«[20], die die Schwurgerichtsverfahren gegen NS-Verbrecher bedeuteten, von den Wohlstandsbundesbürgern nur widerstrebend eingenommen werden würde. »›Bewältigung unserer Vergangenheit‹ heißt Gerichtstag halten über uns selbst, Gerichtstag über die gefährlichen Faktoren in unserer Geschichte, nicht zuletzt alles, was hier inhuman war, woraus sich zugleich ein Bekenntnis zu wahrhaft menschlichen Werten in Vergangenheit und Gegenwart ergibt, wo immer sie gelehrt und verwirklicht wurden und werden. Ich sehe darin nicht [...] eine

[16] Bauer, »Antinazistische Prozesse«, S. 183.

[17] Fritz Bauer, »Ungehorsam und Widerstand in Geschichte und Gegenwart«, in: *Vorgänge. Eine kulturpolitische Korrespondenz,* Jg. 7 (1968), H. 8/9, S. 291.

[18] Fritz Bauer, »Warum Auschwitz-Prozeß?«, in: *Konkret,* Nr. 3 (März 1964), S. 12.

[19] Bauer, »Wurzeln des Bösen«, S. 12.

[20] Bauer, »Namen«, S. 310, und ders., *Humanität,* S. 85.

Beschmutzung des eigenen Nestes; ich möchte annehmen, das Nest werde dadurch gesäubert.«[21]

Bauers in volkspädagogischer Absicht gehegten Erwartungen an die NSG-Verfahren waren groß. Die bewusstseinsbildende Funktion der Prozesse über alle strafrechtliche Zwecke hinaus betonte er fortwährend. So führte er Anfang 1964 in einem Vortrag auf Einladung der Deutsch-Israelischen Studiengruppe an der Johann Wolfgang Goethe-Universität in Frankfurt am Main aus: Die Prozesse müssten »die Frage nach dem Warum aufwerfen, denn ohne Antwort auf das Warum, nach den Wurzeln des Bösen, nach den Wurzeln des Kranken gibt es kein Heil und keine Heilung«.[22] Bauer forderte deshalb von den Deutschen einen »harten Willen zur Wahrheit«[23], eine schonungslose Selbsterforschung, eine Ätiologie des den Deutschen inhärenten Bösen.

Bauers instrumentalistische Sicht der NS-Prozesse wird erkennbar, wenn man seine Ausführungen zu einem humanen (kommenden) Strafrecht, zu einem Recht der Menschenbehandlung, im Vergleich zu seinen Ausführungen hinsichtlich der NSG-Verfahren betrachtet. In NS-Prozessen kam es ihm vorrangig darauf an, die Tat festzustellen, das Verbrechen aufzuklären, die menschenrechtsverletzende Handlung darzulegen, um aus der Erkenntnis des Fehlverhaltens der Akteure, auch aus dem Eingeständnis des begangenen Unrechts, Lehren ziehen zu können. Der Täter in NS-Prozessen war nach Bauer von nachgeordneter Bedeutung. In seinem Buch *Die Kriegsverbrecher vor Gericht* führte er bereits unmissverständlich aus: Die Angeklagten in den bevorstehenden Kriegsverbrecher-Tribunalen spielten »nur

---

[21] Fritz Bauer, »Im Mainzer Kulturministerium gilt ein merkwürdiges Geschichtsbild«, in: *Frankfurter Rundschau* vom 14.7.1962, Nr. 161; ebenso in: ders., *Wurzeln,* S. 67 f.

[22] Bauer, »Antinazistische Prozesse«, S. 173.

[23] Bauer, *Wurzeln,* S. 36.

die Rolle eines Mittels zum Zweck«, der vor Gericht stehende Kriegsverbrecher diene »einem höheren Ziel«.[24] Bauer ging es weniger um die Täter und deren nachfolgende Behandlung als »um das Verbrechen als solches und die Aufrechterhaltung der Normen, die die Gemeinschaft zum Schutz ihrer Existenz und Entwicklung aufgestellt hat. Die Wirklichkeit dieser Normen, das geltende Recht, muss unterstrichen werden.«[25] Durchaus modern sprach sich Bauer für den Strafzweck der positiven Generalprävention aus.[26]

Obschon der Fokus auf Tatfeststellung und -aufklärung lag, begriff sich Bauer auch im Falle der NS-Verbrecher als moderner Kriminalpolitiker. Neben seinem vorrangigen Anliegen, den Deutschen durch NS-Prozesse »die historische Wahrheit kund«[27] zu tun, erhoffte er sich bei den verurteilten NS-Verbrechern in sozialtherapeutischer Absicht eine Wandlung zum Besseren. Explizit hat sich Bauer zum Zweck der Strafe in NS-Prozessen nicht geäußert. Strafe als Sühne für Tatschuld lehnte er als schlechte Metaphysik ab. Das Schuldprinzip, das Willensfreiheit voraussetze, verwarf er vehement. Das Vergeltungsprinzip war ihm ein inhumanes Relikt autoritären, vordemokratischen Denkens.[28] Wichtig in NS-Prozessen erschien Bauer nicht das Strafmaß, sondern die richterliche Qualifizierung der Angeklagten als verantwortliche Täter eines Unrechtsstaats, die für ihre Beteiligung an den Verbrechen aus erzieherischen Gründen einzustehen hatten. Die Pflicht zum Nein, zur Verweigerung der Mordbefehle, hatten sie nicht gefühlt.[29] Ihr Gewissen, Bauer zufolge

---

[24] Bauer, *Kriegsverbrecher*, S. 205.

[25] Ebd.

[26] Siehe hierzu Vasco Reuss, *Zivilcourage als Strafzweck des Völkerstrafrechts. Was bedeutet Positive Generalprävention in der globalen Zivilgesellschaft?*, Münster, Berlin. Lit Verlag, 2012.

[27] Bauer, »Warum Auschwitz-Prozeß?«, S. 12.

[28] Bauer, *Humanität*, S. 249 ff.

[29] Ebd., S. 55 und S. 90.

eine gleichsam naturgegebene Stimme[30] in jedem Menschen, hatte sich nicht gerührt. Bauer war sich freilich bewusst, dass bei Zugrundelegung seiner Rechtsauffassung (täterschaftliche, konsensuale Mitwirkung an einer Tat im Sinne einer natürlichen Handlungseinheit) alle Angeklagten in den NS-Mordprozessen zu lebenslangem Zuchthaus zu verurteilen waren. Da sich in seinen Schriften Gegenteiliges nicht finden lässt, muss er wohl der Auffassung gewesen sein, es handele sich bei dieser prozessual notwendigen Rechtsfolge um ein gerechtes Urteil, ein vom NS-Verbrecher notwendig zu erleidendes Übel.

Als Verfechter eines humanen Rechts der sozialtherapeutischen Behandlung der Delinquenten war der Kriminalpolitiker Bauer naheliegenderweise der Ansicht, auch NS-Täter – meist erst 15 Jahre nach der Tat vom unauffälligen, sozial angepassten Bundesbürger zum Angeklagten in Mordprozessen geworden – müssten im Zuchthaus, in dem sie nach geltendem, antiquiertem Recht ihren Freiheitsentzug abzusitzen hatten, Gegenstand resozialisierender Maßnahmen sein. Nur diesen Zweck erachtete Bauer als eine Rechtfertigung der notwendig zu verhängenden Strafe, dieses fundamentale Prinzip humanen Strafens galt es auch bei Angeklagten in NSG-Verfahren zu beachten. Eine Verwahrung der NS-Täter zum Schutz der Gesellschaft machte er angesichts der mangelnden Gefährlichkeit der gealterten NS-Täter für die bundesdeutsche Demokratie nicht geltend.

Als Antwort auf seine Kritiker, die ihm widersprüchliche Auffassungen vorhielten, meinte Bauer: »Als Beispiel nicht resozialisierungsbedürftiger Täter werden häufig die nazistischen Gewaltverbrecher genannt. Die Argumentation ist jedoch schwer verständlich. Es gibt so gut wie keinen unter diesen Mördern, der sich zu dem Unrecht bekannt hätte, das er mit anderen zusammen beging. In den Prozessen, in denen

[30] Ebd., S. 57 und S. 82. Siehe aber auch ebd., S. 73.

es an belastenden Dokumenten und Zeugen nicht gefehlt hat und ein Geständnis ihre prozessuale Situation nicht erschwert, sondern eher erleichtert hätte, fehlte es häufig an jedem Respekt vor den überlebenden Opfern der Grausamkeiten. Viele der Täter sind weit davon entfernt, die Grundwerte unseres Staates, vor allem die Menschenwürde aller, die Gleichheit eines jeden ohne Rücksicht auf Geschlecht, Abstammung, Rasse, Sprache, Heimat und Herkunft, Glauben, religiöse oder politische Anschauungen in Wort und Tat zu bejahen. Ohne dies ist aber eine Anpassung an unsere Gesellschaft noch nicht erfolgt.«[31]

Auf den häufig gegen Bauer erhobenen Einwand, der Verfechter eines Behandlungs- und Maßnahmenrechts, der Befürworter eines auf Wiedereingliederung der Täter in die Gesellschaft abzielenden Strafvollzugs wende das überkommene Schuldstrafrecht mit seiner lebenslangen Zuchthausstrafe für Mord an, brachte er ein Argument vor, das zugleich Ausdruck seiner Ansicht von den Wurzeln nationalsozialistischen Handelns war: »Hinter der Auffassung, die nazistischen Angeklagten bedürften keiner ›sozialisierenden‹ Behandlung, verbirgt sich die beliebte Illusion, der Nazismus sei mit Hitler und seiner nächsten Umgebung identisch, er sei eine Art Betriebsunfall in der deutschen Geschichte, und seine Wurzeln lägen in den politischen, wirtschaftlichen und sozialen Notständen der Weimarer Zeit, etwa in Versailles, der Inflation und der Weltwirtschaftskrise.«[32] Obgleich Bauer die genannten Faktoren als durchaus bedeutsam für die Entstehung des Nationalsozialismus erachtete, waren ihm die ideologischen und mentalen Ursachen des Nazismus im Denken und Fühlen der Deutschen prioritär. Gemünzt auf die Generation der Täter und Mittäter, auch der vorgeblich

[31] Fritz Bauer, *Auf der Suche nach dem Recht,* Stuttgart: Franckh'sche Verlagshandlung, 1966, S. 198.

[32] Bauer, »Antinazistische Prozesse«, S. 175.

unschuldigen Mitläufer, führte Bauer aus: »Wer die Notwendigkeit bestreitet, die nazistischen Täter zu ›resozialisieren‹, bestreitet damit ein Bedürfnis, sich selbst zu ›resozialisieren‹, was jedenfalls bequem ist und Beifall findet. In Wahrheit tut ein allgemeines Neubesinnen auch heute noch und morgen not.«[33]

Für Bauer war es ein Gebot des sozialen Rechtsstaats, sich um die Resozialisierung der NS-Täter zu bemühen, sie zu Staatsbürgern umzuerziehen, die die freiheitlich-demokratische Grundordnung aus Überzeugung mittragen und im Konsens mit unseren Grundwerten leben.[34] Indem sich die Gesellschaft im Wissen um die begangenen Verbrechen um die Besserung der verurteilten NS-Täter bemüht, vergegenwärtigt sie sich ihre eigene Mithaftung an den Untaten, die nicht allein von den zur Verantwortung gezogenen Angeklagten der NS-Prozesse verübt worden waren.

Doch so recht überzeugt von seinem Vorhaben war Bauer wohl nicht immer. In einem Vortrag aus dem Jahr 1968 heißt es mit Blick auf sogenannte Überzeugungstäter: »Ein Lied von der Schwierigkeit der Resozialisierung etwa von Kommunisten oder Nazisten kann singen, wer den Versuch unternahm, mit ihnen zu diskutieren. Strafe und Strafvollzug, die praktisch in diesen Fällen die Aufgabe politischer Bildungsarbeit haben, reichen schwerlich an die emotionalen und rationalen Wurzeln einer politischen Überzeugung.«[35]

---

[33] Ebd., S. 175 f.

[34] Mit Blick auf die Aufgaben eines modernen Kriminalrechts führte Bauer aus: Das Verfahren gegen Völkermörder »dient – spezial- und generalpräventiv – der Konfirmierung der materialen Werte, vor allem der Toleranz, die Völkermord ausschließen, und – spezialpräventiv – der Konformierung der Täter mit ihnen.« (Bauer, »Genocidium«, S. 274, ebenso in: ders., *Humanität,* S. 74)

[35] Fritz Bauer, *Alternativen zum politischen Strafrecht,* Bad Homburg u.a. 1968, S. 5 f.

Gegenüber dem israelischen Schriftsteller und Journalisten Amos Elon soll Bauer geäußert haben: »›Der erzieherische Effekt dieser Prozesse – wenn es überhaupt einen gibt – ist minimal.‹«[36] In einem privaten Brief aus dem Jahr 1963 ist zu lesen: »Natürlich ist das Resultat der Prozesse mehr als negativ. Ich (und die meisten) haben nie etwas anderes erwartet. Die Naziprozesse unterscheiden sich insoweit in nichts von allen anderen Strafprozessen, alle führen zu nichts oder nicht viel. Es wäre gewiß schon etwas gewonnen, wenn das dumme Publikum aus der Problematik der Naziprozesse auf die Fragwürdigkeit *aller* Strafprozesse schlösse.«[37] Überaus deutlich wird an diesen Äußerungen die häufig bei Bauer zu machende Beobachtung, dass er sich öffentlich meist voller Hoffnung auf einen Wandel zu Wort meldete, ein durchaus prätendierter Optimismus, dass er jedoch insgeheim die Situation viel pessimistischer betrachtete. Der *öffentliche* und der *private* Bauer sind mithin zu unterschieden. Bei sich selbst diagnostizierte er eine intellektuelle, um der Sache willen gleichwohl erkennenden Auges praktizierte »Schizophrenie«.[38]

Ersichtlich war es Ausdruck von Bauers illusionärem »Erziehungsidealismus«[39], von verurteilten NS-Verbrechern

---

36 Amos Elon, *In einem heimgesuchten Land. Reise eines israelischen Journalisten in beide deutsche Staaten,* München: Kindler Verlag, 1966, S. 376.

37 Fritz Bauer, »Fritz Bauer ist tot« [Auszüge aus Privatbriefen Fritz Bauers an Melitta Wiedemann], in: *Gewerkschaftliche Monatshefte,* Jg. 19 (1968), H. 8, S. 491.

38 Ebd., S. 491. Siehe auch Günter Blau, »Fritz Bauer †«, in: *Monatsschrift für Kriminologie und Strafrechtsreform,* Jg. 51 (1968), H. 7/8, S. 365. – Siehe hierzu auch Klaus Lüderssen, »Der Auschwitz-Prozess – Geschichte und Gegenwart«, in: Heike Jung, Bernd Luxenburger, Eberhard Wahle (Hrsg.), *Festschrift für Egon Müller,* Baden-Baden: Nomos Verlag, 2008, S. 431 f.

39 So treffend Miloš Vec in seiner Besprechung von Fritz Bauer, *Humanität* (M. Vec, »Der Gerichtssaal als Klassenzimmer der Nation«, in: *Frankfurter Allgemeine Zeitung* vom 3.2.2000, Nr. 28, S. 14).

Ein- und Umkehr zu erwarten. Im Verbrecherstaat meist auf Befehl der kriminellen Regierung zum Mörder geworden, hatten NS-Täter sporadisch ein schlechtes Gewissen, gelegentlich ein Unrechtsbewusstsein. Dennoch waren nahezu alle der Meinung, für ihre staatlich angeordnete Beteiligung an den rechtswidrigen Taten strafrechtlich nicht zur Verantwortung gezogen werden zu können. Moralische Schuld schlossen viele nicht aus, Rechtsfolgen empfanden sie aber als schreiende Ungerechtigkeit. Einsicht in das eigene Tun, Selbstbesinnung und Schuldanerkenntnis war bei ihnen deshalb nicht zu konstatieren.

Mit Gustav Radbruch sprach Bauer vom schlechten Gewissen, »das den in Gesetzgebung, Rechtslehre und Rechtspflege tätigen Juristen«[40] peinige. Im Falle der NS-Täter dürfte Bauer bei aller moralischen und rechtlichen Notwendigkeit, die Verbrechen zu ahnden, nicht frei von Gewissenszweifeln gewesen sein. Zum einen wusste er sehr wohl, dass viele Verantwortliche für die Mordtaten nicht mehr belangt werden konnten und als »Mörder unter uns« frohgemut und nicht selten mit guten staatlichen Versorgungsleistungen lebten.[41] Zum anderen war ihm klar, dass der Strafvollzug wenig geeignet war, NS-Verbrecher zu »behandeln«, ihnen eine erfolgreiche Menschenrechtserziehung angedeihen zu lassen.[42] Zu fragen ist freilich auch, zu

---

[40] Fritz Bauer, »Die Strafrechtsreform und das heutige Bild vom Menschen«, in: *Die deutsche Strafrechtsreform*. Zehn Beiträge von Fritz Bauer, Jürgen Baumann, Werner Maihofer und Armand Mergen, hrsg. von Leonhard Reinisch, München: C. H. Beck Verlag, 1967, S. 22.

[41] In westdeutschen NSG-Verfahren wurden circa 170 Angeklagte wegen Mordes verurteilt.

[42] Michael Stolleis meinte in einem Interview: »[Bauer] lebte auch im Widerspruch: Bauer kämpfte für ein Strafrecht der Prävention und Resozialisierung. Doch diese Ziele passten nicht auf die NS-Täter. Da gab es keine Prävention, keine Warnung vor künftigen Taten, es gab nichts zu resozialisieren. Also blieben der alte Vergeltungsgedanke und das Rätsel der Gerechtigkeit. Doch es gibt keinen Zweifel: Fritz Bauer hat Enormes

welchem Zweck verurteilte NS-Verbrecher noch zu resozialisieren gewesen wären. Wer zu lebenslangem Zuchthaus bestraft worden war, musste mit einigen Jahren Haft bis zu seiner vorzeitigen Entlassung rechnen. »Resozialisierte«, einstmalige NS-Verbrecher im Rentenalter, gewandelt zu braven Demokraten, in der Haft zur Anerkennung universeller Menschenrechte erzogen: Wären sie – nüchtern betrachtet – notwendige Garanten für eine stabile bundesdeutsche Demokratie gewesen?

Bauers Rechtsauffassung

Wie eingangs erwähnt, war Bauer nicht frei von Widersprüchen. Hinsichtlich der NS-Täter vertrat er eine Rechtsauffassung, die mit seiner volkspädagogischen Konzeption der NSG-Verfahren schwer in Einklang zu bringen war. Bauer zufolge war die »Sach- und Rechtslage« in den Prozessen gegen nationalsozialistische Verbrecher »ungewöhnlich einfach«.[43] Historische Gutachten steckten den geschichtlichen Rahmen ab, in dem die Angeklagten gehandelt hatten. Das Gesamtgeschehen, die NS-Judenverfolgung und -vernichtung, war durch die Expertisen der Sachverständigen verhandelbarer Prozessstoff. Urkunden – so Bauer in Verkennung der Beweislage zumindest im Fall des 1. Frankfurter Auschwitz-Prozesses –, nicht Zeugen, bewiesen Präsenz und Tatbeteiligung der Angeklagten in den Vernichtungszentren.[44] Einer weiteren Wahrheitserforschung bedurfte es nach Bauer nicht. Die Angeklagten waren als Angehörige des Tötungspersonals und somit als Mittäter am Massenmord abzuurteilen. Auf der »4. Arbeitstagung der Leiter der Sonderkommissionen

---

geleistet.« (Michael Stolleis im Gespräch mit Matthias Arning, in: *Frankfurter Rundschau* vom 27.1.2009, Nr. 22, F 2)

[43] Bauer, *Humanität,* S. 83.

[44] Siehe ebd., S. 108.

zur Bearbeitung von NS-Gewaltverbrechen« führte Hessens oberster Ankläger wenige Wochen vor Beginn der »Strafsache gegen Mulka u.a.« aus: Der Auschwitz-Prozess könne »in drei bis vier Tagen erledigt sein«. Seine die Tagungsteilnehmer gewiss überraschende Ansicht begründete Bauer folgendermaßen: »Es gab die Wannseekonferenz mit dem Beschluss zur Endlösung der Judenfrage.[45] Sämtliche Juden in Deutschland sollten vernichtet werden. Dazu gehörte eine gewisse Maschinerie. Alle, die an dieser Vernichtung bzw. bei der Bedienung der Vernichtungsmaschine mehr oder minder beteiligt waren, werden daher angeklagt wegen Mitwirkung an der ›Endlösung der Judenfrage‹.«[46]

Die Massenvernichtung in Auschwitz war nach Bauer als eine Tat im Rechtssinne, als natürliche Handlungseinheit, zu betrachten. Seine Auffassung lässt sich wie folgt reformulieren: Wer kausal an dem Gesamtverbrechen (Haupttat) im Wissen um den Zweck der Mordeinrichtung beteiligt war, lässt sich ohne weitere Zurechnung von nachgewiesenen individuellen Tatbeiträgen als Mittäter qualifizieren. Oder: Wer in Auschwitz eine Funktionsstellung im Vernichtungsapparat innehatte, wirkte mit an einer Tat, nämlich an der Tötung derjenigen Menschen, die in der Dienstzeit des jeweiligen Mittäters in Auschwitz umgebracht worden waren.[47]

Die prozessökonomische Auswirkung seiner Rechtsauffassung hat Bauer hervorgehoben. Im Rückblick auf das

---

[45] Zur Wannsee-Konferenz aus der Sicht der heutigen Forschung siehe das grundlegende Sammelwerk von Norbert Kampe und Peter Klein (Hrsg.), *Die Wannsee-Konferenz am 20. Januar 1942. Dokumente, Forschungsstand, Kontroversen*, Köln u.a.: Böhlau Verlag, 2013.

[46] Protokoll der »4. Arbeitstagung der Leiter der Sonderkommissionen zur Bearbeitung von NS-Gewaltverbrechen« vom 21.10.1963, Protokoll, S. 22 f. (Hess. Hauptstaatsarchiv, Abt. 503, Nr. 1161).

[47] Siehe zu Bauers Rechtsauffassung seinen Aufsatz »Ideal- oder Realkonkurrenz bei nationalsozialistischen Verbrechen?«, in: *Juristenzeitung*, Jg. 22 (1967), Nr. 20, S. 625–628.

Auschwitz-Verfahren, das nach Einschätzung vieler Prozessbeteiligter zu lange gedauert hatte, meinte er: »Die Annahme einer natürlichen Handlungseinheit trägt bei den sich in aller Regel über viele Monate, ja Jahre erstreckenden Prozessen zur Vereinfachung und Beschleunigung der Verfahren wesentlich bei.«[48] Erstaunen muss Bauers Auffassung, hinsichtlich der subjektiven Tatseite seien bei den NS-Angeklagten keine weiteren Nachforschungen anzustellen. Der Nachweis ihrer funktionellen Mitwirkung an den Massenmorden war ihm Beweis genug für die Feststellung, sie hätten allesamt in Übereinstimmung mit den sogenannten Haupttätern gehandelt.

Bauers Konzept des kurzen Prozesses mit NS-Tätern stand ersichtlich im Gegensatz zu seinen volkspädagogischen Intentionen. Da die Verfahren – wie bereits dargelegt – »Schule«[49] und »Unterricht«[50] sein sollten und Lehren zu erteilen hatten, war die Zeugenschaft der Überlebenden, war die Stimme der Opfer für die intendierte Öffentlichkeitswirkung, für den erhofften Aufklärungseffekt fundamental. Wie wenig kompatibel Bauers Prozesskonzept mit seinem Willen zur Menschenrechtserziehung durch NS-Verfahren, zur Re-Demokratisierung der Deutschen war, ist ihm offenbar bewusst gewesen. Den Widerspruch schien er aber nicht auflösen zu wollen. So meinte er im Rückblick auf das Verfahren gegen Mulka u.a. recht paradox: »Der Auschwitzprozeß war gewiß der bisher längste aller deutschen Schwurgerichtsprozesse, in Wirklichkeit hätte er einer der kürzesten sein können, womit freilich nicht gesagt sein soll, daß dies aus sozialpädagogischen Gründen auch wünschenswert gewesen wäre.«[51]

---

48 Ebd., S. 628.

49 Bauer, »Wurzeln des Bösen«, S. 12.

50 Bauer, *Humanität,* S. 78.

51 Ebd., S. 83.

Fritz Bauers Erwartungen an die aufklärende Wirkung von NSG-Verfahren waren zu groß. Einen nur bescheidenen Beitrag hat die Strafjustiz zur politischen Bildung leisten können. Fraglos aber haben Verfahren wie der Auschwitz-Prozess bei zeitgeschichtlich interessierten Menschen bleibenden Eindruck hinterlassen. Hinweise auf diese Wirkung finden sich immer wieder in lebensgeschichtlichen Angaben von Personen, die Mitte der sechziger Jahre mit Offenheit und Interesse am Zeitgeschehen teilnahmen. Nicht wenige, die einen von eindrücklichen Aussagen der Opferzeugen geprägten, mithin wirkmächtigen Verhandlungstag besuchten oder sich gute und gründliche Prozessberichterstattung in Presse und Hörfunk[52] aneigneten, wurden nachhaltig beeinflusst. Ihnen tat – in Bauers Worten – der Prozess die »historische Wahrheit kund« – eine Wahrheit, die viele Leben veränderte.

[52] Hervorzuheben sind die Radiosendungen von Axel Eggebrecht (NDR/WDR), der 74 Folgen seiner Sendung »Vergangenheit vor Gericht« (jeweils 15 Min.) und über ein Dutzend »Berichte vom Auschwitz-Prozess« (jeweils 45 Min.) produzierte. Siehe das Hörbuch *Aufklärung statt Bewältigung. Tondokumente zur Berichterstattung von Axel Eggebrecht über den ersten Auschwitz-Prozess.* Hrsg. Stiftung Deutsches Rundfunkarchiv DRA, 2011.

DER 1. FRANKFURTER AUSCHWITZ-PROZESS. ZWEI VORGESCHICHTEN

NS-Verbrechen aufzuklären und zu ahnden war der deutschen Justiz nach 1945 aufgrund der alliierten Gesetzgebung nur begrenzt möglich. Die deutsche Gerichtsbarkeit erstreckte sich nur auf Verbrechen von Deutschen an Deutschen oder an Staatenlosen. Die Besatzungsbehörden konnten freilich deutsche Gerichte für zuständig für Verbrechen erklären, die Deutsche an Bürgern der überfallenen Staaten begangen hatten. Erst nach der Gründung der Bundesrepublik Deutschland war es gemäß Gesetz Nr. 13 des Alliierten Hohen Kontrollrats (1.1.1950) der bundesdeutschen Justiz ohne Einschränkung möglich, auch die gegen Angehörige der alliierten Nationen begangenen NS-Gewaltverbrechen zu verfolgen. Anzuwenden war das deutsche Strafrecht.

Von 1950 an bis zur Gründung der Zentralen Stelle der Landesjustizverwaltungen zur Verfolgung nationalsozialistischer Gewaltverbrechen im Dezember 1958 haben deutsche Staatsanwaltschaften von Amts wegen gegen NS-Täter jedoch nur in wenigen Fällen ermittelt. Lagen keine Anzeigen von Geschädigten und Verfolgten vor, blieben deutsche Strafverfolger untätig. Allein der «Staatsanwalt Zufall«[1] war ein gelegendlicher Akteur.

Die bundesdeutschen Verhältnisse Anfang der fünfziger Jahre[2] erwiesen sich für eine von einzelnen durchaus

---

[1] Gerhard Werle, Thomas Wandres, *Auschwitz vor Gericht. Völkermord und bundesdeutsche Justiz. Mit einer Dokumentation des Auschwitz-Urteils,* München: C. H. Beck Verlag, 1995, S. 17.

[2] Siehe hierzu Adalbert Rückerl, *Die Strafverfolgung von NS-Verbrechen 1945–1978. Eine Dokumentation, Heidelberg,* Karlsruhe: C. F. Müller Juristischer Verlag, 1979, S. 47.

geforderte justizielle Aufarbeitung der Vergangenheit als nicht förderlich. Die Entnazifizierung war abgeschlossen, aus ihren Ämtern entfernte Angehörige des öffentlichen Dienstes wurden gemäß dem »Gesetz zur Regelung der Rechtsverhältnisse der unter Artikel 131 des Grundgesetzes fallenden Personen«[3] reintegriert, die in Nürnberg verurteilten »Kriegsverbrecher« waren infolge des ausgebrochenen »Gnadenfiebers«[4] vorzeitig aus der Haft entlassen worden. Nach Ansicht vieler Deutscher war endlich die Zeit gekommen, einen »Schlussstrich« zu ziehen, zumal die Bundesrepublik Deutschland sich ganz anderen Aufgaben als willkommenes und aufstrebendes Mitglied der »freien Welt« zu widmen hatte.

Die Dreistigkeit eines auf Wiedereinstellung in den Staatsdienst klagenden NS-Täters war es gewesen, die die Situation von Grund auf änderte. Der Prozess vor dem Schwurgericht Ulm/Donau gegen zehn ehemalige Angehörige der Geheimen Staatspolizei und des Sicherheitsdienstes (SD) Tilsit (28.4.1958–29.8.1958)[5], verdeutlichte den Verantwortlichen in Bonn, der deutschen Justiz und einer die

---

3 Siehe grundlegend Norbert Frei, *Vergangenheitspolitik. Die Anfänge der Bundesrepublik und die NS-Vergangenheit,* München: Verlag C. H. Beck, 1996 und Ralph Giordano, *Die zweite Schuld oder Von der Last Deutscher zu sein,* Hamburg u.a.: Rasch und Röhring Verlag, 1987.

4 Robert M. W. Kempner, *Ankläger einer Epoche. Lebenserinnerungen.* In Zusammenarbeit mit Jörg Friedrich, Frankfurt am Main, Berlin, Wien: Ullstein Verlag, 1983, S. 386–399.

5 Siehe das Urteil in: H. G. van Dam, Ralph Giordano (Hrsg.), *KZ-Verbrechen vor deutschen Gerichten. Einsatzkommando Tilsit – Der Prozess zu Ulm.* Bd. 2, Frankfurt am Main: Europäische Verlagsanstalt, 1966 und in: *Justiz und NS-Verbrechen. Sammlung deutscher Strafurteile wegen nationalsozialistischer Tötungsverbrechen 1945–1966.* Hrsg. von C. F. Rüter u.a., Amsterdam: University Press Amsterdam, 1968 ff., Bd. XV, S. 1–265; BGH-Urteil vom 23.02.1960, ebd., S. 266–274.

NS-Vergangenheit nicht länger verdrängenden Öffentlichkeit[6], dass die Ahndung der nationalsozialistischen Gewaltverbrechen durch die Prozesse der Alliierten und die wenigen Verfahren vor deutschen Gerichten[7], noch längst nicht abgeschlossen war. Auf einer Konferenz in Bad Harzburg im Oktober 1958 berieten die Justizminister und -senatoren der deutschen Bundesländer über notwendige Schritte, die NS-Gewaltverbrechen umfassend zu sühnen.

Der vorherrschenden Meinung in der Bevölkerung zuwider, die die Verfolgung und Bestrafung der NS-Täter, die unter ihr als brave, anerkannte und geschätzte Bürger lebten, ablehnte, von Nestbeschmutzung sprach und längst einen Schlussstrich unter die Vergangenheit gezogen hatte, schlossen die zuständigen Minister und Senatoren eine Verwaltungsvereinbarung über die Errichtung der Zentralen Stelle. Von den Ländern abgeordnete Richter und Staatsanwälte sollten von Amts wegen die von den nationalsozialistischen Gewalthabern im Ausland in den Jahren 1939 bis 1945 begangenen Verbrechen restlos erfassen. Sobald die Vorermittlungen hinreichende Ergebnisse erbracht hatten, waren die Verfahren an die jeweils zuständigen Staatsanwaltschaften zur weiteren Durchführung der Strafverfolgung abzugeben. Die Zentrale Stelle wurde am 1. Dezember 1958 gegründet und stellte nach den Worten ihres ersten Leiters,

---

[6] Siehe hierzu Adalbert Rückerl, »NS-Prozesse: Warum erst heute? – Warum noch heute? – Wie lange noch?«, in: ders. (Hrsg.), *NS-Prozesse. Nach 25 Jahren Strafverfolgung: Möglichkeiten – Grenzen – Ergebnisse,* Karlsruhe: Verlag C. F. Müller Verlag, 1971, S. 20 f.

[7] Siehe *Die Verfolgung nationalsozialistischer Straftaten im Gebiet der Bundesrepublik Deutschland seit 1945.* Unter Mitwirkung der Landesjustizverwaltungen und der *Zentralen Stelle* zur Aufklärung nationalsozialistischer Verbrechen in Ludwigsburg zusammengestellt im Bundesjustizministerium, Bonn 1964, S. 47–52 sowie Albrecht Götz, *Bilanz der Verfolgung von NS-Straftaten,* Köln: Bundesanzeiger, 1986, S. 33–88.

Oberstaatsanwalt Erwin Schüle, »ein absolutes Novum in der deutschen Rechtsgeschichte«[8] dar.

Die Darstellung der Vorgeschichte des 1. Frankfurter Auschwitz-Prozesses (20.12.1963–20.08.1965), die bereits im Frühjahr 1958 begann, belegt eindringlich, dass ohne die unermüdliche Initiative von überlebenden Opfern und ohne das singuläre Engagement streitbarer Juristen die justizielle Sühne der NS-Verbrechen durch die bundesdeutsche Justiz nicht in Gang gekommen wäre.

Überlebende rührten sich, forschten nach dem Verbleib von Tätern, trugen Namen und Anschriften zusammen, tauschten Informationen aus und sammelten Belastungsmaterial. Beherzte Juristen, dem Recht und der Gerechtigkeit verpflichtet, schufen in Zusammenarbeit mit Politikern, die sich ihrer historischen Verantwortung bewusst waren, die rechtspolitischen Voraussetzungen, leiteten umfassende Ermittlungen ein, um bislang unerforschte Tatkomplexe aufzuklären und die strafrechtliche Schuld der an Massenverbrechen Beteiligten zu beweisen. Der politischen Bedeutung und erzieherischen Wirkung solcher Prozesse eingedenk, war es den Initiatoren der Verfahren ein wichtiges Anliegen, im Rahmen eines Strafprozesses Aufklärung über die Vergangenheit zu leisten, einen Beitrag zur politischen Bildung zu erbringen.

---

[8] Erwin Schüle, »Die Zentrale Stelle der Landesjustizverwaltungen zur Aufklärung nationalsozialistischer Gewaltverbrechen in Ludwigsburg«, in: *Juristenzeitung*, Jg. 17 (1962), Nr. 8, S. 242. – Zur Geschichte der Ahndung der nationalsozialistischen Gewaltverbrechen siehe vor allem die beiden Dokumentationen von Adalbert Rückerl, *Strafverfolgung* (Anm. 1) und ders., *NS-Verbrechen vor Gericht. Versuch einer Vergangenheitsbewältigung,* Karlsruhe: C. F. Müller Juristischer Verlag, 1982 sowie aus der Sicht des überlebenden Opfers und kritischen Beobachters Hermann Langbein, *Im Namen des deutschen Volkes. Zwischenbilanz der Prozesse wegen nationalsozialistischer Verbrechen,* Wien: Europa Verlag, 1963.

Durch die NSG-Verfahren in den sechziger Jahren leistete die deutsche Strafjustiz in Form der Anklageschriften und der Schwurgerichtsurteile, die allesamt ausführliche, quellengestützte allgemeine Teile enthielten, sowie durch die in der Beweisaufnahme durch die Vernehmung von Opfern und SS-Zeugen erbrachten historischen Erkenntnisse, was die Zeitgeschichtsforschung hierzulande versäumt hatte: Aufklärung über den Mord an den europäischen Juden.

In Auschwitz taten von April 1940 bis Januar 1945 insgesamt etwa 8.000 SS-Angehörige Dienst.[9] Sie bewachten die Häftlinge, verwalteten und leiteten das Stammlager, das Vernichtungslager Birkenau, das Lager Buna/Monowitz und nahezu 40 Nebenlager, saßen in Nebenstellen der SS-Zentralämter und waren in SS-eigenen Betrieben[10] tätig. Allesamt leisteten sie unterschiedliche Tatbeiträge zum Gesamtgeschehen, waren Teil der Todesmaschinerie. Am Ende des Krieges lebten noch schätzungsweise 6.000 Mitglieder der SS-Besatzung von Auschwitz.[11]

Erste Vorgeschichte: Die Anzeige gegen Wilhelm Boger

Gegen einen gewissen Wilhelm Boger, vormals SS-Oberscharführer und Angehöriger der Politischen Abteilung des Lagers Auschwitz, erstattete der in der Landesstrafanstalt

---

[9] Aleksander Lasik, »Die SS-Besatzung des KL Auschwitz«, in: Wacław Długoborski, Franciszek Piper (Hrsg.), *Auschwitz 1940–1945. Studien zur Geschichte des Konzentrations- und Vernichtungslagers Auschwitz,* Bd. I, Oświęcim: Verlag Staatliches Museum Auschwitz-Birkenau, 1999, S. 319–384. Unter den 8.000 SS-Angehörigen waren etwa 200 Frauen (SS-Gefolge), die unter anderem als »Aufseherinnen« im Frauenlager tätig waren.

[10] Ebd.

[11] Ders., »Die Strafverfolgung der Angehörigen der SS-Besatzung des KL Auschwitz«, in: Długoborski, Piper (Hrsg.), *Auschwitz 1940–1945,* Bd. V, S. 92.

Bruchsal wegen Betrugs einsitzende ehemalige Auschwitz-Häftling Adolf Rögner mit Schreiben vom 1. März 1958[12] an die Staatsanwaltschaft Stuttgart Strafanzeige wegen Mordes. Rögner, von Mai 1941 bis Januar 1945 »als krimineller Vorbeugungshäftling«[13] (Häftlings-Nr. 15.465) in Auschwitz inhaftiert, machte in seinem Schreiben betr. »Freigabe vom Medikamenten u.a.« Angaben über angebliche strafbare Handlungen Bogers, über seine Inhaftierung im War Crimes Camp 29 in Dachau, seine Flucht aus einem Überstellungstransport nach Polen, nannte Wohnsitz und Arbeitsplatz Bogers, erbat eine Vernehmung zur Sache, stellte »Beweise u. Zeugen« in Aussicht und verwies die Ermittlungsbehörde darauf, das Internationale Auschwitz-Komitee (IAK) in Wien (Rögner gab die Anschrift Hermann Langbeins an) und der »Zentralrat der deutschen Juden« (Düsseldorf-Benrath) könnten Beweismaterial gegen Boger zur Verfügung stellen.

Die Persönlichkeit des Anzeigeerstatters, der sich zum Zeitpunkt der Anzeige einer Anklage wegen Meineides und uneidlicher Falschaussage ausgesetzt sah und in der Vergangenheit wiederholt Anzeigen nicht nur gegen ehemalige SS-Angehörige, sondern auch gegen Vollzugs- und Polizeibeamte erstattet hatte, ließ es der Stuttgarter Strafverfolgungsbehörde geboten erscheinen, die Strafanzeige mit Vorsicht[14]

---

[12] Sammlung Frankfurter Auschwitz-Prozesse (FAP), Fritz Bauer Institut (FBI), Hauptakten (HA): FAP-1/HA-1, Bl. 1–2R.

[13] FBI, FAP-1/HA-1, Bl. 48R.

[14] Siehe die Pressemitteilung der StA Stuttgart vom 6.11.1958 (FBI, FAP-1/HA-2, Bl. 244–246). Am 15.7.1958, das Ermittlungsverfahren gegen Boger war kaum eingeleitet, wurde Rögner vom LG München I »wegen fortgesetzter falscher Anschuldigung und Meineids« (ebd., Bl. 244) zu einer Zuchthausstrafe von 3 Jahren und 6 Monaten verurteilt. Der StA Stuttgart zufolge ergibt sich aus dem Urteil, »dass Rögner als Belastungszeuge in Verfahren gegen KZ-Personal offensichtliche Lügen aus Hass und Rachsucht vorgetragen hat« (ebd., FAP-1/HA-1, Bl. 39).

zu behandeln. Die Staatsanwaltschaft Stuttgart wandte sich mit Schreiben vom 17. März 1958[15] bzgl. der »Anzeigensache gegen einen gewissen Boger« (Az.: 16 Js 1273/58) an die Stuttgarter Kriminalpolizei mit der Bitte, »unauffällige Vorermittlungen hinsichtlich der Person und der Vergangenheit des [...] Boger durchzuführen«.[16] Mit Schreiben vom 10. April 1958[17] teilte die Kripo der Ermittlungsbehörde mit, bei dem Beschuldigten handele es sich um den »verh. kaufm. Angestellten Wilhelm Boger [...] wohnh. Hemmingen Krs. Leonberg«. Boger sei, wie Rögner in seinem Schreiben zutreffend angegeben hatte, »Angestellter bei der Fa. Heinkel, Motorenwerke, Stgt.-Zuffenhausen« und sei »SS-Oberscharführer in Auschwitz« gewesen. Den Hinweisen Rögners auf zu erbringende Beweise und zu stellende Zeugen durch das IAK und den Zentralrat der Juden ging der sachbearbeitende Staatsanwalt Rolf Weber zunächst nicht nach. Erst mit Schreiben vom 18. August 1958[18] wandte er sich an den Zentralrat. Das IAK, als Vereinigung von nationalen Auschwitzer Lagergemeinschaften fraglos eine wichtige Quelle, ersuchte die Staatsanwaltschaft nicht um Mitarbeit bei den eingeleiteten Ermittlungen gegen Boger. Offenbar erschien der Strafverfolgungsbehörde eine Zusammenarbeit

[15] Ebd., Bl. 3.

[16] Ebd.

[17] Ebd., Bl. 4.

[18] Ebd., Bl. 44. Mit Schreiben vom 25.8.1958 bat der Zentralrat um nähere Auskünfte über Boger, um eventuell ein »Rundschreiben« an die Landesverbände und jüdischen Gemeinden richten zu können (ebd., Bl. 46). Mit Schreiben vom 29.8.1958 kam StA Weber der Bitte nach. Webers einleitender Satz in seinem Schreiben – »Nach der Anzeige eines allerdings äußerst unzuverlässigen Zeugen, der wegen Falschaussagen in ähnlichem Zusammenhang gerichtlich mit Zuchthausstrafe bestraft wurde« (ebd., Bl. 58) – verdeutlicht die Schwierigkeit, die die Ermittler mit Rögners Anzeige hatten. Siehe auch Schreiben des Zentralrats vom 8.10.1958 (ebd., Bl. 145).

mit einer Organisation, die als von Kommunisten beherrscht galt, inopportun.

In einem acht Seiten umfassenden Schreiben Rögners vom 30. März 1958[19] an die Stuttgarter Ermittler lieferte der Anzeigeerstatter weitere wichtige Hinweise. Rögner zählte über ein Dutzend SS-Angehörige auf, die sich Verbrechen schuldig gemacht hätten. Er nannte u.a. die späteren Angeklagten im 1. Frankfurter Auschwitz-Prozess Josef Klehr und Hans Stark und erstattete Strafanzeige gegen die benannten SS-Leute.

Der Stuttgarter Sachbearbeiter sah sich aber nicht gehalten, Fahndungsmaßnahmen gegen die von Rögner benannten, des vielfachen Mordes verdächtigten Personen einzuleiten. Eine Ausdehnung des Verfahrens auf weitere SS-Angehörige von Auschwitz, ein Sammelverfahren, war zunächst nicht beabsichtigt. Hinweise auf Anstrengungen der Stuttgarter Staatsanwaltschaft, Zeugen für strafbare Handlungen Bogers zu ermitteln, finden sich in den Akten nicht. Staatsanwalt Weber hielt einem Vermerk vom 13. Mai 1958 zufolge erst zwei Monate nach Eingang der Strafanzeige Rögners Vortrag bei seinem Behördenleiter. Selbst suchte er den Anzeigeerstatter zur Vernehmung nicht auf, er ordnete vielmehr mit Billigung seines Vorgesetzten eine Dienstreise eines Gerichtsreferendars zur Landesstrafanstalt Hohenasperg an, in die Rögner krankheitshalber von Bruchsal überstellt worden war. Die Vernehmung, so hielt Weber fest, »war erforderlich, weil einerseits der Anzeigeerstatter nach sicherer Erkenntnis aus vorangegangenen Anzeigen ein geltungssüchtiger Psychopath ist und aber andererseits seine Anzeige gegen Boger nach der Bedeutung der Anschuldigung nicht von der Hand

[19] Ebd., Bl. 53–56R.

gewiesen werden kann, sondern sorgfältige Ermittlungen erfordert«.[20]

Rögner wurde endlich am 6. Mai 1958[21] vernommen. Aus dem der Vernehmungsniederschrift vorangestellten Bericht des Gerichtsreferendars geht hervor, wie schwierig sich die Vernehmung gestaltete. Das sieben Seiten umfassende Protokoll mit fünf Anlagen enthielt wiederum zahlreiche Namen von Auschwitzer SS-Personal. Neben dem bereits benannten Stark u.a. die Namen »Rottenf. Pery Broad, Brasilianer, lebt vermutlich in Braunschweig« und »Unterscharf. Dylewski – lebt in Krefeld«. Allesamt saßen sie später auf der Frankfurter Anklagebank.

Von der Ermittlungsbehörde nicht um Hilfe gebeten, wandte sich der Generalsekretär des Internationalen Auschwitz-Komitees, Hermann Langbein, von Rögner über die Anzeige informiert, mit Schreiben vom 9. Mai 1958[22] an die Staatsanwaltschaft Stuttgart, bekräftigte die gegen Boger vorgebrachten Tatvorwürfe und bot die Mitarbeit seiner Organisation an. Mit Schreiben vom 21. Mai 1958[23] bat die Staatsanwaltschaft das IAK um Mitteilung von Erkenntnissen über den Beschuldigten Boger. Langbein bestätigte in seinem Antwortschreiben[24] wenige Tage später, der Beschuldigte Boger sei dem IAK bekannt, übersandte in der Anlage eine persönliche Aussage[25] im Fall Boger und fragte an, ob

---

[20] Ebd., Bl. 7. Die Vernehmung Rögners blieb die einzige, die die StA Stuttgart bis zur Inhaftnahme Bogers selbst vorgenommen hat. Alle anderen von der StA bis zur Verhaftung Bogers in Auftrag gegebenen Vernehmungen waren polizeiliche.

[21] Ebd., Bl. 8–21.

[22] Ebd., Bl. 22a.

[23] Ebd., Bl. 27.

[24] Ebd., Bl. 31.

[25] Ebd., Bl. 32. – In seiner Aussage bezeugte Langbein, Boger habe einen polnischen Häftling in den Stehbunker (von Block 11, Stammlager) eingewiesen, der später an der Schwarzen Wand liquidiert worden sei. Weiter habe er während seiner Haft im Bunker 11 (Ende August 1943 bis Anfang

sich der Beschuldigte bereits in Untersuchungshaft befinde. Mit Hinweis auf drohende Fluchtgefahr machte Langbein die Verhaftung Bogers zur Bedingung für die in Aussicht gestellte Kooperation des IAK.

Langbeins Forderung, erst Boger in Untersuchungshaft zu nehmen und dann Zeugen zu benennen, die beweiskräftige Aussagen über den Beschuldigten machen könnten, erschwerte die Arbeit der Verfolgungsbehörde erheblich. Die ausbleibende Antwort der Ermittlungsbehörde, die keine rechtsstaatliche Handhabe sah, Boger in Haft zu nehmen, veranlasste Langbein, sich mit Schreiben vom 9. Juli 1958[26] erneut an die Staatsanwaltschaft mit dem Hinweis zu wenden, dass Boger in Auschwitz »eine Vielzahl von Morden begangen« habe und erbat Mitteilung, ob sich der Beschuldigte »in Haft« befinde. Die Staatsanwaltschaft, die trotz der Aussage Langbeins und seiner Bestätigung der von Rögner vorgebrachten Tatvorwürfe keinen dringenden Tatverdacht erblickte und deshalb von einem Antrag auf Erlass eines Haftbefehls absah, ersuchte das IAK ungeachtet der von Langbein aufgestellten Bedingung mit Schreiben vom 15. Juli 1958 »um Übersendung« von »Unterlagen (Anschriften u. Aussagen von Zeugen über die Straftaten des Boger)«, um nach »Prüfung des Beweismaterials, erforderlichen Falls Haftbefehl gegen Boger erlassen zu können«.[27]

Über die Zögerlichkeit der Stuttgarter Staatsanwälte äußerst befremdet, betonte Langbein mit Schreiben vom 27. Juli 1958[28] abermals, das IAK wolle erst dann einen Zeugenaufruf an ehemalige Auschwitz-Häftlinge veröffentlichen,

November 1943) sechs Selektionen, sog. Bunkerentleerungen, erlebt, bei denen der Beschuldigte Boger zugegen gewesen sei. Die von der sog. Kommission ausgewählten Insassen des Bunkers seien großenteils an der Schwarzen Wand erschossen worden.

26 Ebd., Bl. 34.

27 Ebd., Bl. 35.

28 Ebd., Bl. 36–37.

wenn Boger in Haft sei. Zur Unterstützung der Ermittlungsmaßnahmen legte er seinem Schreiben ein Foto Bogers bei.

Langbeins Weigerung[29], Zeugen zu benennen und Belastungsmaterial zur Verfügung zu stellen, verdeutlicht die Beweisschwierigkeiten der Stuttgarter Ermittler, die ihrerseits keine Anstalten machten, Beweismittel herbeizubringen.

Auf Ersuchen der Stuttgarter Staatsanwaltschaft vom 2. August 1958[30] vernahm das Landeskriminalamt Baden-Württemberg Rögner am 19. August 1958 in der Landesstrafanstalt Bruchsal.[31] Rögner bezeugte in seiner zweiten Vernehmung abermals die angebliche Täterschaft von Hans Stark, Klaus Dylewski, Josef Klehr und anderen SS-Angehörigen, er benannte darüber hinaus als Zeugen (mit Angabe der Anschrift) die Auschwitz-Überlebenden Emil Behr[32], Arthur Balke[33], Hugo Breiden[34] und Hermann Distel.[35] Rund drei Wochen vergingen, bis Staatsanwalt Weber

---

[29] In seiner Darstellung der Vorgeschichte des Prozesses erwähnt Langbein diesen Punkt nicht. Siehe Hermann Langbein, *Der Auschwitz-Prozeß. Eine Dokumentation,* Bd. 1, Wien: Europa Verlag, 1965, S. 21–34.

[30] FBI, FAP-1/HA-1, Bl. 37b–37bR.

[31] Ebd., Bl. 48–51R.

[32] Siehe Schreiben StA Stuttgart vom 11.9.1958 an Kriminalpolizei Karlsruhe, Auftrag für polizeiliche Vernehmung (ebd., Bl. 78–78R, 117–117R); Vernehmung am 22.9.1958 in Karlsruhe (ebd., Bl. 119).

[33] Siehe Schreiben StA Stuttgart vom 11.9.1958 an Kriminalpolizei Frankfurt am Main, Auftrag für polizeiliche Vernehmung (ebd., Bl. 80–80R, 151–151R); Vernehmung am 19.9.1958 in Frankfurt am Main (ebd., Bl. 152).

[34] Siehe Schreiben StA Stuttgart vom 11.9.1958 an Kriminalpolizei Esslingen, Auftrag für polizeiliche Vernehmung (ebd., Bl. 79); Vernehmung am 27.10.1958 in Stuttgart (FBI, FAP-1/HA-2, Bl. 214–221).

[35] Siehe Schreiben StA Stuttgart vom 11.9.1958 an Kriminalpolizei München, Auftrag für polizeiliche Vernehmung (FBI, FAP-1/HA-1, Bl. 82–82R, 109–109R); Erklärung vom 22.9.1958 (ebd., Bl. 110). Distel nannte als weiteren Zeugen den ehemaligen Auschwitz-Häftling Otto Küsel (siehe Auftrag für polizeiliche Vernehmung Küsels vom 3.11.1958

die polizeiliche Vernehmung der benannten Zeugen in Auftrag gab.

Die Notwendigkeit einer teilweisen Kooperation offenbar erkennend, übersandte Langbein mit Schreiben vom 30. August 1958[36] an die Staatsanwaltschaft Stuttgart die Übersetzung eines auf den September 1944 datierten Kassibers der Internationalen Widerstandbewegung[37] in Auschwitz, in dem der Beschuldigte Boger genannt sei, Kopien des Bunkerbuchs[38], veröffentlicht in *Hefte von Auschwitz 1* (poln. Ausg.; die dt. Ausg. erschien erstmals 1959), sowie die Namen und Anschriften von ehemaligen Auschwitz-Häftlingen, die aus eigenem Wissen über Boger aussagen könnten: Arthur Hartmann[39], Ludwig Wörl[40], Henryk Bartoszewicz[41], Eryk Stanisław Pawliczek[42] und Stanisław Kaminski. Darüber hinaus ergänzte Langbein seine Aussage vom 29. Mai 1958[43] und kündigte an, bald in Stuttgart zu sein und bei der

---

(FBI, FAP-1/HA-2, Bl. 201)); Vermerk, Kriminalpolizei München vom 24.9.1958 (FBI, FAP-1/HA-1, Bl. 116).

[36] Ebd., Bl. 59–60.

[37] Ebd., Bl. 63–65.

[38] Langbeins Sendung wurde vom Hauptzollamt Stuttgart dem politischen Referenten bei der StA Stuttgart zur Prüfung vorgelegt, um feststellen zu lassen, ob es sich um eine staatsgefährdende Druckschrift handelt (ebd., Bl. 71).

[39] Siehe Schreiben StA Stuttgart vom 5.9.1958 an Kriminalpolizei Kiel, Auftrag für polizeiliche Vernehmung (ebd., Bl. 131–131R); Vernehmung vom 29.9.1958 in Kiel (ebd., Bl. 132–133).

[40] Siehe Schreiben StA Stuttgart vom 5.9.1958 an Kriminalpolizei München (ebd., Bl. 73, 83); Vermerk d. Kriminalpolizei München vom 19.9.1958 (ebd., Bl. 84); Schreiben StA Stuttgart an AG München vom 3.11.1958 (FBI, FAP-1/HA-2, Bl. 291–291R); richterliche Vernehmung vom 25.11.1958 (ebd., Bl. 316–318R).

[41] Aussage Bartoszewicz vom 15.9.1958, an das IAK gesandt (ebd., Bl. 223–225), am 4.11.1958 von Langbein der Ermittlungsbehörde überreicht.

[42] Schreiben von Pawliczek an IAK vom 22.9.1958 (ebd., Bl. 236–239).

[43] FBI, FAP-1/HA-1, Bl. 62.

Staatsanwaltschaft »in der Angelegenheit Boger« vorsprechen zu wollen.

Am 5. September 1958 bemühte sich Staatsanwalt Weber erstmals um die Herbeischaffung von Beweismitteln durch Vernehmung der genannten Zeugen. Er erteilte der Kriminalpolizei von Kiel und München den Auftrag, die von Langbein benannten Zeugen Hartmann und Wörl polizeilich zu vernehmen. Den Hinweisen von Rögner auf die Zeugen Behr, Balke, Breiden und Distel ging der Staatsanwalt erst am 11. September 1958 nach. Wenige Tage vor seinem Besuch in Stuttgart, am 3. September 1958, stellte Langbein eine eidesstattliche Erklärung des in Österreich wohnhaften Josef Rittner[44] zur Verfügung und nannte als weiteren Zeugen die Auschwitz-Überlebende Orli Wald[45], deren Vernehmung der Stuttgarter Staatsanwalt umgehend in Auftrag gab.

Langbein, ob des aus seiner Sicht überaus zögerlichen Vorgehens der Ermittlungsbehörde nicht wenig verwundert, wurde am 9. September 1958 wie angekündigt bei Staatsanwalt Weber vorstellig. Während seiner Vorsprache benannte er als weiteren Zeugen Paul Leo Scheidel.[46] In einem Vermerk[47] zwei Tage nach der Begegnung mit Langbein hielt Staatsanwalt Weber fest, der IAK-Generalsekretär habe sich »in unsachlicher Kritik an den Ermittlungsmaßnahmen« ergangen, die Weber »in gebührender Weise« aber zurückgewiesen habe. Langbeins Intervention zeigte gleichwohl Wirkung. Am Tag der Abfassung des Vermerks, in dem Weber

---

44 Ebd., Bl. 70.

45 Siehe Schreiben der StA Stuttgart vom 11.9.1958 an Kriminalpolizei Hannover; Auftrag für polizeiliche Vernehmung (ebd., Bl. 81); Vernehmung in Hannover am 6.10.1958 (FBI, FAP-1/HA-2, Bl. 188–190).

46 Siehe Schreiben StA Stuttgart vom 11.9.1958 an Kriminalpolizei München, Auftrag für polizeiliche Vernehmung (FBI, FAP-1/HA-1, Bl. 82–82R, 109–109R); Vernehmung vom 24.9.1958 in München (ebd., Bl. 111–115R).

47 Ebd., Bl. 76.

auch festhielt, Langbein habe sich »offenbar [...] anschließend beschwerdeführend an das Ministerium gewandt«[48], beauftragte er, wie erwähnt, die Kriminalpolizei in Karlsruhe, Esslingen, Frankfurt am Main, Hannover und München, die von Rögner in seiner Vernehmung vom August 1958 benannten Zeugen (Behr, Balke, Distel und Breiden) sowie die von Langbein angegebenen Zeugen (Wald und Scheidel) zu vernehmen und fuhr endlich selbst nach Bruchsal, um Rögner zu befragen und ihn um die Herausgabe von Belastungsmaterial gegen Boger zu bitten. Da Rögner die Unterlagen nicht zur Verfügung stellen wollte, ließ sie Weber kurzer Hand beschlagnahmen.[49] Die Vernehmung der von Rögner benannten Zeugen Balke (19.9.1958), Distel (22.9.1958) und Behr (22.9.1958) erbrachte keine den Beschuldigten Boger belastenden Aussagen. Keiner der ehemaligen Auschwitz-Häftlinge kannte den ehemaligen Angehörigen der Politischen Abteilung. Erst die Vernehmung von Scheidel (24.9.1958) begründete den für den Antrag auf Haftbefehl erforderlichen dringenden Tatverdacht. Mit Schreiben vom 21. September 1958[50], das Langbein an Oberstaatsanwalt Robert Schabel persönlich richtete und das nicht zu den Hauptakten genommen wurde, rekapituliert der Auschwitz-Überlebende seine Korrespondenz mit der Staatsanwaltschaft und bemängelt eingehend die aus seiner Sicht unzureichenden Ermittlungsmaßnahmen.

Das Amtsgericht Stuttgart erließ auf Antrag der Staatsanwaltschaft[51] am 2. Oktober 1958 Haftbefehl[52] gegen Boger. Den zeugenschaftlichen Angaben von Scheidel zufolge war Boger dringend verdächtig, in Auschwitz aus Mordlust einen

---

48 Ebd.

49 Vermerk vom 12.9.1958 (ebd., Bl. 85–85R).

50 Staatsarchiv Ludwigsburg, Handakten zu der Anzeigensache gegen Boger, EL 317III, Bü. 1.

51 FBI, FAP-1/HA-1, Bl. 128–129.

52 Ebd., Bl. 130.

Menschen getötet zu haben. Der Haftbefehl wurde wenige Tage später an Bogers Arbeitsplatz, Ernst Heinkel AG, Zuffenhausen, vollstreckt. In einem persönlich an Langbein gerichteten Schreiben vom 10. Oktober 1958[53] informierte Oberstaatsanwalt Schabel den Generalsekretär des IAK über die Verhaftung Bogers und bat darum, »die Staatsanwaltschaft bei der Beschaffung von geeigneten Beweismitteln weiter zu unterstützen«. Insbesondere die »Benennung von weiteren Zeugen strafbarer Handlungen Bogers« erschien der Staatsanwaltschaft »zunächst [...] nützlich«. Schabel schloss sein Schreiben mit der Versicherung, »daß die Maßnahmen getroffen werden, die der Bedeutung des Verfahrens entsprechen«. Die »Genugtuung« des IAK über die Verhaftung Bogers brachte Langbein mit Schreiben vom 17. Oktober 1958[54] zum Ausdruck und teilte Schabel mit, am 4. November 1958 in der Behörde vorsprechen zu wollen. Die Unterredung zwischen dem Behördenleiter, Oberstaatsanwalt Schabel, dem Leiter der Abteilung 1, Erster Staatsanwalt Johannes Ferber, und Langbein fand an dem genannten Tag statt. Der von Ferber am Tag darauf angefertigte Vermerk über die eineinhalbstündige Besprechung gibt Auskunft über die Schwierigkeiten, vor die sich die deutsche Justiz bei der Ahndung der NS-Verbrechen gestellt sah. Um ausreichende Beweise gegen Boger erbringen zu können, erwies sich die Vernehmung von »im Auslande wohnhafter Zeugen« als notwendig. Die erforderliche »Inanspruchnahme des Rechtshilfeweges« erschien den Ermittlern jedoch zeitaufwendig und schwierig, sofern Rechtshilfeersuchen in den Augen der Justiz politisch »überhaupt gangbar«[55] waren. Bemerkenswert ist die von der Staatsanwaltschaft gegenüber Langbein aufgestellte Behauptung, der Fall Boger sei »seit

[53] Ebd., Bl. 148–148R.
[54] FBI, FAP-1/HA-2, Bl. 194.
[55] Ebd., Bl. 242–243.

der ersten Anzeigeerstattung« »zügig« bearbeitet worden. Ebenso die ausdrücklich bekundete Absicht, »das Verfahren nach Möglichkeit auch auf alle anderen Angehörigen des SS-Wachpersonals des Lagers Auschwitz auszudehnen«[56], ist hervorzuheben.

Zur Überraschung der Ermittlungsbehörde hielt Langbein am Tag nach dem Gespräch, in dem er u.a. darum gebeten worden war, »mit Bekanntgaben an die Presse in diesem Verfahren äußerst zurückhaltend zu sein«[57], in Stuttgart eine Pressekonferenz[58] ab, auf der er Vorwürfe gegen die Staatsanwaltschaft erhob. Die Strafverfolgungsbehörde, sekundiert von Generalstaatsanwalt Erich Nellmann, sah sich veranlasst, ihrerseits auf einer Pressekonferenz (6.11.1958) auf die von Langbein vorgebrachte Kritik zu reagieren. In der Pressemitteilung[59] bleibt unerwähnt, dass der Anzeigeerstatter, Adolf Rögner, in seinem Schreiben vom 1. März 1958 die Ermittler auf das IAK und den Zentralrat der Juden verwiesen hatte und dass mit Rögner erst zwei Monate nach Eingang seiner Anzeige eine Vernehmung durchgeführt worden war.

Boger wurde am 13. und 14. Oktober 1958[60] durch die Staatsanwaltschaft Stuttgart vernommen. Aus der nur sechsseitigen Niederschrift der Vernehmung ist nicht ersichtlich, inwieweit die Strafverfolgungsbehörde die bislang

---

[56] Ebd.

[57] Ebd.

[58] Siehe den Bericht »Befremden über die Stuttgarter Staatsanwaltschaft« in der *Stuttgarter Zeitung* vom 6.11.1958, Nr. 256, den Artikel »Warum wurde Boger so spät verhaftet?« in den *Stuttgarter Nachrichten* vom 6.11.1958, Nr. 256 und den Bericht »Der Haftbefehl war sechs Tage alt« in der *Südwestdeutschen Rundschau* vom 6.11.1958, Nr. 256.

[59] FBI, FAP-1/HA-2, Bl. 244–246. Siehe auch die beiden Berichte »Erklärung der Staatsanwaltschaft zum Fall Boger« und »Die Verhaftung von Boger wurde nicht verzögert« in der *Stuttgarter Zeitung* vom 7.11.1958, Nr. 257 und in den *Stuttgarter Nachrichten* vom 7.11.1958, Nr. 257.

[60] FBI, FAP-1/HA-2, Bl. 163–169.

vorliegenden Ermittlungsergebnisse zum Gegenstand der Vernehmung gemacht hatte.

Das Ermittlungsverfahren gegen Boger führte die im Dezember 1958 eingerichtete *Zentrale Stelle* (unter dem Az. 2 AR-Z 37/58) parallel zu den Ermittlungen der Stuttgarter Strafverfolgungsbehörde weiter. Außer gegen Boger und die von Rögner genannten Stark, Broad und Dylewski wurde das Verfahren auf weitere 15 Angehörige der Politischen Abteilung von Auschwitz[61] ausgedehnt.

Ende April 1959 wurden Stark, Broad und Dylewski in Untersuchungshaft genommen. Das Amtsgericht Stuttgart hatte auf Antrag der Stuttgarter Staatsanwaltschaft die Haftbefehle erlassen.

Zweite Vorgeschichte: Der Brief an Fritz Bauer

Thomas Gnielka, Korrespondent der *Frankfurter Rundschau* in Wiesbaden, übersandte mit Schreiben vom 15. Januar 1959[62] an den hessischen Generalstaatsanwalt Fritz Bauer

[61] Die Beschuldigten waren: Hans Schurz, Johann Taute, Gerhard Lachmann, Georg Wosnitza, Hans Draser, Heinrich Brocks, Karl Broch, Hans Kamphuis, Otto Schmidt, Wieczorek, Hans Pichler, Anton Brose, Josef Hofer, Wilhelm Hoyer und Lange.

[62] StA F, 4 Ks 2/63, AB Ia, Bl. 72. – Siehe die Darstellungen von Thomas Gnielka, »Gesucht werden tausend Mörder«, in: *Weltbild*, Jg. 15 (2.12.1960), Nr. 29, S. 12 und ders., »Die Henker von Auschwitz. Ein Prozess und seine Vorgeschichte«, in: *Metall*, Nr. 16 (1961), S. 6 sowie die zwei unterschiedlichen Darlegungen von Fritz Bauer in: ders., *Die Humanität der Rechtsordnung. Ausgewählte Schriften.* Hrsg. von Joachim Perels und Irmtrud Wojak. Frankfurt am Main, New York: Campus Verlag, 1998, S. 81 und S. 104 (Wissenschaftliche Reihe des FBIs, Bd. 5). Siehe auch Bauer, »Auf der Flucht erschossen .«, in: *Streit-Zeit-Schrift*, Jg. 6 (September 1968), H. 2, S. 93 sowie die Arbeit von Heinz Haueisen, »Auschwitz – eine Herausforderung an die Frankfurter Justizbehörden«, in: Horst Henrichs, Karl Stephan (Hrsg.), *Ein Jahrhundert Frankfurter*

Dokumente, die für Bauer willkommener Anlass waren, beim Bundesgerichtshof gemäß § 13a StPO die Frage der Zuständigkeit hinsichtlich des von der deutschen Justiz bislang unaufgeklärten Komplexes Auschwitz entscheiden zu lassen. Gnielka hatte von einem Überlebenden, Emil Wulkan, Unterlagen erhalten, die dieser nach eigenen Angaben[63] im Mai 1945 in Breslau bekommen hatte. In den Dokumenten, Schreiben der Kommandantur des Konzentrationslagers Auschwitz und des SS- und Polizeigerichts XV Breslau aus dem Jahre 1942, kamen Namen von angeblich auf der Flucht erschossenen Häftlingen sowie 37 Namen von an den Erschießungen beteiligten SS-Männern vor, u.a. der des späteren Angeklagten Stefan Baretzki. Gegen die SS-Leute waren formell Ermittlungsverfahren eingeleitet worden, die dann formularmäßig eingestellt wurden. Die Kommandantur von Auschwitz bat um die Freigabe der Leichen der erschossenen Häftlinge zur »Feuerbestattung« und um die »Einstellung der Ermittlungsverfahren« gegen die SS-Schützen, »da die Posten gemäß ihren Dienstanweisungen und nicht rechtswidrig«[64] gehandelt hätten.

Ein Mitarbeiter Bauers reiste am 20. Januar 1959 nach Ludwigsburg und überbrachte der *Zentralen Stelle* Kopien des Schreibens Gnielkas und der acht Blatt umfassenden »Breslauer Dokumente«. Mit Schreiben vom 29. Januar 1959 an Fritz Bauer bestätigte Erwin Schüle die Übernahme des »Verfahrens wegen Erschießungen von Häftlingen ›auf der Flucht‹«[65]. Kopien der genannten Schriftstücke sowie ein »Verzeichnis vom 4.9.1958 betr. SS-Leute, die in Auschwitz

---

Justiz. Gerichtsgebäude A: 1889–1989, Frankfurt am Main: Kramer Verlag, 1989, S. 185–200.

[63] Siehe die Vernehmung Wulkans (1900–1961) vom 21.4.1959 durch die Sonderkommission der *Zentralen Stelle* (FBI, FAP-1/HA-1a, Bl. 24–25).

[64] Ebd., Bl. 73–80.

[65] Ebd., Bl. 71 sowie ebd., Bl. 7.

Dienst gemacht hatten«[66], leitete Bauer[67] mit Schreiben vom 15. Februar 1959 sodann dem Generalbundesanwalt »mit der Anregung« zu, »eine Entscheidung des Bundesgerichtshofs nach § 13a StPO herbeizuführen«.

Der 2. Strafsenat des Bundesgerichtshofs (BGH)[68] beschloss nach Anhörung des Generalbundesanwalts in der Sitzung vom 17. April 1959, die »Untersuchung und Entscheidung« in der »Strafsache gegen Beyer u.a.« wegen Mordes u.a. gemäß § 13a StPO dem Landgericht (fortan: LG) Frankfurt am Main zu übertragen. Aufgeführt sind in dem Zuständigkeitsbeschluss (Az.: 2 ARs 60/59)[69] 94 »frühere Angehörige der Kommandantur des Konzentrationslagers Auschwitz«, darunter bereits 14 der späteren Angeklagten im ersten Frankfurter Auschwitz-Prozess: Richard Baer, Franz Hofmann, Klaus Dylewski, Pery Broad, Willy Frank, Victor Capesius, Josef Klehr, Emil Hantl, Gerhard Neubert, Herbert Scherpe, Hans Nierzwicki, Oswald Kaduk, Hans Stark und Stefan Baretzki. Der Gerichtsstand beim LG Frankfurt am Main war nunmehr begründet.

Die Staatsanwaltschaft beim LG Frankfurt am Main, mit Schreiben vom 12. Mai 1959[70] über den BGH-Beschluss

---

[66] Ebd., Bl. 1b–1g. Das Verzeichnis ist mit Schreiben vom 29.1.1959 von dem ehemaligen Auschwitz-Häftling Franz Unikower an Bauer gesandt worden (ebd., Bl. 5; siehe auch Hessisches Hauptstaatsarchiv (HHStA), Wiesbaden, Abt. 461, Nr. 37638/243 (Handakten der StA FFM), Bl. 18).

[67] Siehe Bauers Schreiben vom 15.2.1959 an *Zentrale Stelle*, StA F, 4 Ks 2/63, AB Ia, Bl. 70 sowie seine Verfügung vom 15.2.1959 (FBI, FAP-1/HA-1a, Bl. 10–11), in der er ein entsprechendes Schreiben an den Generalbundesanwalt beim BGH anweist.

[68] Siehe ebd., Bl. 15–19.

[69] Die 37 in den »Breslauer Dokumenten« genannten SS-Angehörigen sind sämtlich angeführt. »SS-Schütze August Brucker« wird in der Aufstellung der Beschuldigten zweimal genannt. Von den genannten 94 Beschuldigten waren zum Zeitpunkt der BGH-Beschlusses mindestens 21 SS-Angehörige nicht mehr am Leben.

[70] HHStA, Abt. 461, Nr. 37638/243, Bl. 17.

informiert, führte am 22. Mai 1959 in Ludwigsburg und Stuttgart Besprechungen mit Vertretern der *Zentralen Stelle* und der Staatsanwaltschaft Stuttgart. Die Frankfurter Behörde ging zunächst davon aus, dass Stuttgart das dort anhängige Ermittlungsverfahren gegen Boger u.a. fortführt und dass »die Zusammenfassung aller das Konzentrationslager Auschwitz betreffenden Vorgänge bei der Staatsanwaltschaft Stuttgart anzustreben wäre«.[71] Eine Abgabe des in Frankfurt am Main eingeleiteten Ermittlungsverfahrens nach Stuttgart[72] war durchaus beabsichtigt. Offensichtlich entgegen den Vorstellungen der Frankfurter Behördenleitung war Bauer aber bestrebt, den Gesamtkomplex Auschwitz durch die ihm nachgeordnete Staatsanwaltschaft aufklären zu lassen. Ein Mitarbeiter Bauers teilte in einer Besprechung vom 4. Juni 1959 der Frankfurter Staatsanwaltschaft mit, Stuttgart[73] habe vor, das Boger-Verfahren nach Frankfurt abzugeben. Der Vermerk über die Besprechung macht deutlich, dass dieses Vorgehen den Wünschen der Frankfurter Staatsanwaltschaft ganz und gar widersprach. Erster Staatsanwalt Hanns Großmann wies Bauers Mitarbeiter deshalb auch darauf hin, die beabsichtigte Abgabe nach Frankfurt »widerspreche […] den in Stuttgart und Ludwigsburg geführten Vorbesprechungen vom 22.5.1959«.[74] Großmanns Auffassung zufolge war »ungeachtet des Beschlusses nach § 13a StPO […] die Zuständigkeit der Staatsanwaltschaft Stuttgart gegeben«. Bauer setzte sich durch. Stuttgart gab, über Bauers Übernahmefreudigkeit sicher sehr glücklich, das Verfahren gegen Boger u.a. sowie die *Zentrale Stelle* die Vorermittlungsverfahren gegen Angehörige der Politischen Abteilung von

[71] Ebd., Bl. 30.

[72] Vermerk, StA Frankfurt am Main, 23.5.1959, ebd., Bl. 31.

[73] Siehe das bereits am 26.5.1959 abgefasste, an den GStA gerichtete Abgabeschreiben der StA Stuttgart, FBI, FAP-1/HA-9, Bl. 1.380–1.382.

[74] Vermerk, StA Frankfurt am Main, 4.6.1959, HHStA, Abt. 461, Nr. 37638/243, Bl. 32.

Auschwitz und wegen Erschießungen von Häftlingen »auf der Flucht« mit Schreiben vom 30. Juni 1959[75] nach Frankfurt am Main ab.

Mitte Juni 1959 rief Bauer[76] Staatsanwalt Georg Friedrich Vogel und Gerichtsassessor Joachim Kügler zu sich und übertrug den jungen Juristen, beide Jahrgang 1926, die Sachbearbeitung des Auschwitz-Komplexes (Ermittlungsverfahren gegen Beyer u.a., Az.: 4 Js 444/59). Kügler[77] zufolge lag Bauer sehr daran, Juristen mit der Aufgabe zu betrauen, die nicht in die Verbrechen des NS-Staates verstrickt waren. Obgleich für das Ermittlungsverfahren gegen 94 Beschuldigte laut Generalakten[78] drei Staatsanwälte und fünf Schreibkräfte hätten abgestellt werden sollen, mussten zwei Staatsanwälte und nur eine Schreibkraft das Verfahren durchführen. Als Hilfsbeamte der Staatsanwaltschaft standen den beiden Ermittlern zwei Beamte des Hessischen Landeskriminalamtes (Sonderkommission)[79] zur Verfügung.

---

[75] FBI, FAP-1/HA-10, Bl. 1.454–1.456. Siehe auch Schreiben der *Zentralen Stelle* vom 19.6.1959 an die StA b. LG Frankfurt am Main (fortan: LG F) (FBI, FAP-1/HA-1a, Bl. 32).

[76] Vogel hatte sich bereits seit Mitte der fünfziger Jahre mit der Ahndung von NS-Verbrechen befasst. Dies war Bauer bekannt, weshalb der Jurist von Darmstadt, wo er im Jahre 1959 tätig war, zur StA b. LG F abgeordnet wurde. Dem Leiter der Frankfurter Strafverfolgungsbehörde zufolge wurden die NSG-Verfahren »von besonders ausgesuchten und qualifizierten Staatsanwälten bearbeitet, die der Hessische Minister der Justiz der Behörde zusätzlich zur Verfügung gestellt hat« (StA F, 4 Ks 2/63, Presseheft, Bl. 32, Pressemitteilung von OStA Wolf, vom 18.5.1960).

[77] Interview mit Joachim Kügler, 5.5.1998 (FAP-1/I-5).

[78] Laut Kügler hatte StA Vogel durch Zufall Einblick in die Generalakten erhalten. Warum die Behördenleitung eine ausreichende personelle Ausstattung nicht gewährleistete, lässt sich nur vermuten.

[79] HHStA, Abt. 461, Nr. 37638/243, Bl. 82.

Vogel und Kügler reisten bereits Ende Juni 1959 nach Ludwigsburg[80] und studierten in der *Zentralen Stelle* die ihnen vorgelegten Akten der eingeleiteten Auschwitz-Verfahren.

Schon am 23. Juni 1959 hatte bei ihnen Hermann Langbein vorgesprochen und die Mitarbeit des IAK angeboten. Auch in Ludwigsburg traf Langbein mit Vogel und Kügler zusammen. Die für die Ermittlungsarbeit notwendige Sachkunde mussten sich die beiden Sachbearbeiter in den ersten Monaten aus Büchern aneignen, die ihnen die *Zentrale Stelle*[81] und der Generalstaatsanwalt[82] zur Verfügung stellte. Obgleich sich die Ermittlungen äußerst schwierig gestalteten und laut Kügler auf die Polizei »kein Verlass«[83] war, gelang es den beiden Staatsanwälten, noch im Jahr 1959 Heinrich Bischoff (21.7.1959)[84], Oswald Kaduk (21.7.1959) und Victor Capesius (4.12.1959) verhaften zu lassen. 1960 erfolgten die Verhaftungen von Stefan Baretzki (12.4.1960), Alois Staller (13.4.1960), Hans Nierzwicki (16.9.1960), Josef Klehr (17.9.1960), Robert Mulka (8.11.1960), Kurt

---

[80] Siehe auch den Vermerk von Kügler vom 25.6.1959 über eine am Vortag in Ludwigsburg stattgefundenen Besprechung, ebd., Bl. 33–36.

[81] Ebd., Bl. 37.

[82] Siehe Vermerk vom 23.2.1960 (FBI, FAP-1/HA-26, Bl. 4.387). Bauer entlieh den Ermittlern: Reimund Schnabel, *Macht ohne Moral. Eine Dokumentation über die SS,* Frankfurt am Main: Röderberg Verlag, 1957; Gerald Reitlinger, *Die Endlösung,* Berlin: Colloquium Verlag, 1956 und die Dokumentationen von Léon Poliakov, Josef Wulf, *Das Dritte Reich und die Juden* sowie dies., *Das Dritte Reich und seine Diener,* Berlin: Ariane Verlag, 1955/1956.

[83] Interview mit Joachim Kügler, 5.5.1998 (FBI, FAP-1/I-5). Siehe z.B. die von Herbert Jäger, »Strafrecht und nationalsozialistische Gewaltverbrechen« (in: Redaktion Kritische Justiz (Hrsg.), *Der Unrechts-Staat. Recht und Justiz im Nationalsozialismus,* 2. Aufl., Baden-Baden: Nomos Verlagsanstalt, 1983, S. 149) angeführten Beispiele von NS-Tätern, die in Führungspositionen der deutschen Polizei dienten.

[84] Datum der Verhaftung fortan in Klammern nach den Namen der Beschuldigten.

Uhlenbroock (14.11.1960), Emil Bednarek (25.11.1960)[85] und Richard Baer (20.12.1960)[86], 1961 die Inhaftnahme von Emil Hantl (26.5.1961), Arthur Breitwieser (9.6.1961), Jakob Fries (12.6.1961) und Herbert Scherpe (15.8.1961).[87]

Die Strafverfolgungsbehörde wertete eine von Langbein[88] zur Verfügung gestellte amerikanische »Kriegsverbrecherliste« sowie alle verfügbaren Akten von Verfahren gegen Auschwitz-Täter[89] aus, bat Zeitungen, Rundfunkanstalten und Organisationen in aller Welt um die Veröffentlichung von Aufrufen[90] und erstellte im Januar 1960 eine 599 Namen

---

[85] Bednarek war von zwei polnischen Überlebenden, Jan Sikorski und Tadeusz Szewczyk, in Schirnding/Oberfranken gesehen, von Stanislaw Klodzinski Wochen später identifiziert worden. Klodzinski informierte, eigens über Schirnding zur Vernehmung nach Frankfurt gereist, die Staatsanwaltschaft. Siehe Vermerk von StA Kügler vom 22.11.1960 (StA F, 4 Ks 2/63, Sonderheft Bednarek). Siehe auch *Frankfurter Neue Presse* vom 30.11.1960.

[86] Für Hinweise, die zur Ergreifung Baers führten, hatte die StA im Dezember 1960 eine Belohnung von 10.000 DM ausgesetzt. Siehe *Frankfurter Rundschau* vom 13.12.1960. Auf den Kopf von Josef Mengele setzten die Fahnder 20.000 DM aus. Siehe *Frankfurter Allgemeine Zeitung* vom 21.2.1961. In seinem Vermerk vom 21.12.1960 (StA F, 4 Ks 2/63, Sonderheft Baer) schildert StA Kügler die Verhaftung Baers in allen Einzelheiten.

[87] Uhlenbroock (29.11.1960), Mulka (6.3.1961), Breitwieser (22.6.1961) und Fries (16.7.1961) erhielten Haftverschonung.

[88] Siehe Vermerk vom 18.1.1960, HHStA, Abt. 461, Nr. 37638/244, Bl. 180) sowie das Schreiben von StA Vogel vom 4.7.1960 an den World Jewish Congress (ebd., Abt. 461, Nr. 37638/245, Bl. 428).

[89] Siehe Schreiben der StA F vom 5.10.1959, das laut handschriftlicher Anmerkung von StA Vogel »an alle Staatsanwaltschaften der Bundesrepublik« (FBI, FAP-1/HA-14, Bl. 2.250–2.250R) ging und die Antwortschreiben von 92 Staatsanwaltschaften (FBI, FAP-1/HA-21, Bl. 3.381–3.469). Wie nicht anders zu erwarten, gingen meist Fehlanzeigen ein.

[90] Siehe z.B. die Schreiben der StA b. LG F an: *The Jewish Agency for Palestine* (New York), *World Jewish Congress* (New York), *Jüdisches Historisches Institut* (Warschau), *Zentralrat der Juden in Deutschland* (Düsseldorf), *Amicale d'Auschwitz* (Paris), *United Restitution Organization* (URO, New York); Zeitungen: *Haaretz*, *Maariv*, *Aufbau* (FBI, FAP-1/HA-16,

umfassende Beschuldigtenliste.[91] Die Liste enthält neben den Namen der Adjutanten Heinrich Ganninger, Erich Frommhagen und Viktor Zoller, des Lagerführers Johann Schwarzhuber und des SS-Arztes Josef Mengele auch die Namen von 26 Beschuldigten bzw. Angeklagten: Richard Baer (Nr. 16), Stefan Baretzki (Nr. 23), Emil Bednarek (Nr. 39), Heinrich Bischoff (Nr. 49), Wilhelm Boger (Nr. 57), Pery Broad (Nr. 69), Victor Capesius (Nr. 94), Klaus Dylewski (Nr. 124), Willy Frank (Nr. 164), Jakob Fries (Nr. 169), Emil Hantl (Nr. 208), Karl Höcker (Nr. 240), Franz Hofmann (Nr. 246), Oswald Kaduk (Nr. 275), Josef Klehr (Nr. 305), Franz Lucas (Nr. 380), Max Lustig (Nr. 382), Robert Mulka (Nr. 408), Hans Nierzwicki (Nr. 420), Bernhard Rakers (Nr. 447), Herbert Scherpe (Nr. 491), Bruno Schlage (Nr. 497), Johann Schoberth (Nr. 510), Alois Staller (Nr. 570), Hans Stark (Nr. 531) und Kurt Uhlenbroock (Nr. 561).

Einzig die später vor Gericht stehenden Willi Schatz, Gerhard Neubert und Arthur Breitwieser sind noch nicht genannt. Im Februar/März 1960 wurde die Beschuldigtenliste von Langbein[92] um 254 Namen ergänzt.

Die Ermittlungen zur Feststellung der Personalien und des eventuellen Aufenthalts der Beschuldigten[93] waren äußerst

---

Bl. 2.251 ff.) sowie den Text des von der *Jewish Agency for Palestine* an den *Aufbau* weitergeleiteten Aufrufs (FBI, FAP-1/HA-17, Bl. 2.684).

[91] FBI, FAP-1/HA-23, Bl. 3.741–3.806 (Beschuldigtenliste vom 18.1.1960). Eine zweite Liste (ebd., Bd. 30, Bl. 5.097–5.152) stellt noch 282 Beschuldigte auf.

[92] FBI, FAP-1/HA-26, Bl. 4.360–4.363; Bd. 30, Bl. 5.153–5.169.

[93] Selbst das Kraftfahrbundesamt erteilte den Ermittlern Auskünfte. Anhand der »Verkehrssünderkartei« wurde eine Liste der gesuchten Personen geprüft. Siehe Vermerk vom 29.2.1960 (FBI, FAP-1/HA-26, Bl. 4.438). Auch Heimatortskarteien, die als kirchliche Suchdienste und amtlich anerkannte Auskunftsstellen umfassende Daten über Volksdeutsche verwalteten, erteilten Informationen.

mühsam. In vielen Fällen ergaben die Nachforschungen[94], dass die Gesuchten bereits tot waren. Eine Schlussverfügung vom 31. Januar 1961[95] stellt die Namen von 124 verstorbenen Beschuldigten auf, darunter die erwähnten Adjutanten Ganninger, Frommhagen und Zoller.

Die Herbeischaffung von Beweismitteln gestaltete sich gleichfalls schwierig. Neben Langbein[96] waren *das Institute of Documentation in Israel for the Investigation of Nazi War Crimes*/Haifa, *Yad Vashem*/Jerusalem, der *World Jewish*

---

[94] StA Kügler sichtete vom 18.–23.1.960 und vom 22.2.–9.3.1960 im Berlin Document Center Personalakten der beschuldigten SS-Angehörigen (HHStA, Abt. 461, Nr. 37638/244, Bl. 205–210 und Bl. 247–248), am 25.3.1960 Unterlagen am Institut für Zeitgeschichte, München (ebd., Bl. 284–285).

[95] FBI, FAP-1/HA-43, Bl. 7.632–7.653. Die StA ließ alle Angaben von der *Deutschen Dienststelle für die Benachrichtigung der nächsten Angehörigen von Gefallenen der ehemaligen deutschen Wehrmacht (WASt)*/Berlin und vom *Berlin Document Center* überprüfen.

[96] Am Ende seiner Vernehmung in der Hauptverhandlung (6.3.1964) erklärte Langbein: »Ich habe das Bedürfnis, bevor ich hier den Sessel verlasse, etwas zu sagen auch zu meiner Tätigkeit im Zusammenhang mit der Vorbereitung des Prozesses. Ich habe mehrere Dokumente und Aussagen und Zeugenadressen geliefert dem Gericht, um den Prozessverlauf zu erleichtern. Ich möchte hier folgendes sagen: Ich tat das deswegen, weil ich die Verpflichtung als Überlebender von Auschwitz, der gesund geblieben ist, geistig und körperlich, fühle, alles, was in meiner Kraft steht, zu tun, damit sich ein Auschwitz unter keinem Vorzeichen und in keinem Land wiederholt. Und ein Teil davon ist meiner Überzeugung nach auch diese Tätigkeit.« (in: *Der Auschwitz-Prozeß. Tonbandmitschnitte, Protokolle und Dokumente, DVD-ROM,* 2., durchges. u. verb. Aufl., hrsg. vom Fritz Bauer Institut und dem Staatlichen Museum Auschwitz-Birkenau, Berlin: Directmedia Publishing GmbH, 2005 (Digitale Bibliothek, Bd. 101), S. 5.545). Langbein war bis Mitte 1960 Generalsekretär des IAK, brach 1961 mit der Organisation und wurde 1964 Sekretär des von der Union International de la Résistance et de la Déportation gegründeten Comité International des Camps. Das letzte mit dem Briefkopf des IAK versehene Schreiben Langbeins, das sich in den Hauptakten findet, datiert vom 31.5.1961 (FBI, FAP-1/HA-50, Bl. 9.053–9.053R).

Congress/New York[97] sowie Rechtsanwalt Henry Ormond/ Frankfurt am Main[98] hilfreich bei der Suche nach Zeugen. Der Zentralrat der Juden in Deutschland[99] wandte sich mit dem Aufruf an Auschwitz-Überlebende, sich bei der Ermittlungsbehörde als Zeugen zu melden. Die Staatsanwaltschaft erstellte zur Vorbereitung von Zeugenvernehmungen einen Fragebogen[100], den sie in der Erwartung an ehemalige Auschwitz-Häftlinge versandte, die zu Beginn des Verfahrens nicht eben einfache Beweissituation durch die Herbeischaffung von verwertbaren Zeugenaussagen zu verbessern. Ende Oktober 1959 traf Staatsanwalt Vogel anlässlich einer Dienstreise den Direktor des Staatlichen Museums Auschwitz-Birkenau, Kazimierz Smoleń, in Arolsen (Internationaler Suchdienst) und führte sogleich eine Vernehmung[101] durch. Smoleń bot der Staatsanwaltschaft[102] alle erdenkliche Hilfe an und erklärte

---

[97] In einer Pressemitteilung vom 18.5.1960 schrieb OStA Wolf: »Mehrere Verfolgtenorganisationen des In- und Auslandes unterstützen die Staatsanwaltschaft laufend durch die Vermittlung bisher unerreichbar gewesenen Urkundenmaterials und die Identifizierung von Beschuldigten und Zeugen.« (StA F, 4 Ks 2/63, Presseheft, Bl. 32)

[98] Ormond bemühte sich seit 1961 darum, Personen zu finden, die nahe Angehörige in Auschwitz verloren hatten und die, Voraussetzung für die Zulassung als Nebenkläger, nachweislich den Tod ihrer Angehörigen in einen ursächlichen Zusammenhang mit einem der Angeklagten bringen konnten.

[99] Schreiben des Zentralrats vom 9.10.1959 an OStA Wolf samt »Pressenotiz« (FBI, FAP-1/HA-15, Bl. 2.412–2.414). Siehe auch »Auschwitz-Verbrechen vor Frankfurter Staatsanwalt. Ehemalige Häftlinge sollen sich melden«, in: *Frankfurter Neue Presse* vom 24./25.10.1959.

[100] FBI, FAP-1/HA-22, Bl. 3.600–3.600R. Nehemiah Robinson, World Jewish Congress, hatte der StA den Vorschlag unterbreitet, zum Zwecke der Beweisermittlung einen Fragebogen auszuarbeiten (HHStA, Abt. 461, Nr. 37638/244, Bl. 129).

[101] Siehe die staatsanwaltschaftliche Vernehmung vom 29.10.1959 in Arolsen (FBI, FAP-1/HA-17, Bl. 2.632–2.642).

[102] Siehe Vermerk von StA Vogel vom 2.10.1959 (FBI, FAP-1/HA-17, Bl. 2.657–2.658).

sich bereit, den Ermittlern Fotokopien von Dokumenten zur Verfügung zu stellen. Bereits im Mai 1960 konnte der Leiter der Frankfurter Staatsanwaltschaft, Oberstaatsanwalt Heinz Wolf gegenüber der Presse[103] bekannt geben, 347 Zeugen aus dem In- und Ausland seien im Rahmen der Ermittlungssache 4 Js 444/49 bereits vernommen worden.

Ungeachtet aller regierungsamtlichen Berührungsängste und aller ungeschriebenen Gesetze des Kalten Krieges knüpften die Frankfurter Staatsanwälte Kontakte nach Polen. Im August 1960 (12.–29.08.1960)[104] reisten sie nach Warschau und an den Tatort Auschwitz. Eine Dienstreise in die Volksrepublik Polen, mit der die Bundesrepublik Deutschland keine diplomatischen Beziehungen unterhielt, war ein ungewöhnliches Unterfangen. Allein die Unterstützung durch die hessische Landesregierung machte die Reise möglich. Als überaus wichtig und hilfsbereit erwies sich das Mitglied der Hauptkommission[105] zur Untersuchung der Nazi-Verbrechen, Jan Sehn. Mit Hilfe von Sehn[106] gelang es den

---

[103] Pressemitteilung, 18.5.1960, OStA Wolf (StA F, 4 Ks 2/63, Presseheft, Bl. 31–32).

[104] Bereits im August 1959 hatten die beiden Sachbearbeiter in Absprache mit GStA Bauer bei der Militärmission der Volksrepublik Polen (Berlin) einen Visumsantrag eingereicht (HHStA, Abt. 461, Nr. 37638/243, Bl. 55–56). Die Staatsanwälte beabsichtigten, anlässlich einer Tagung des Internationalen Auschwitz-Komitees (7.9.1959) in Oświęcim mit Auschwitz-Überlebenden zusammentreffen zu können.

[105] StA Kügler traf Sehn in Berlin (20.–22.6.1960) und konnte dort die mitgebrachten Dokumente kopieren lassen (HHStA, Abt. 461, Nr. 37638/245, Bl. 424–425 u. 438–439).

[106] Bereits am 1.3.1960 führte Sehn (1909–1965) in Frankfurt am Main eine Besprechung, an der u.a. GStA Bauer, OStA Wolf und der Leiter der *Zentralen Stelle*, OStA Schüle, teilnahmen. Sehn bot den Ermittlern Urkunden aus dem Archiv der Hauptkommission an (Vermerk vom 8.3.1960, FBI, FAP-1/HA-27, Bl. 4.510). Siehe auch Sehns Schreiben vom 21.4.1960 an Bauer (HHStA, Abt. 461, Nr. 37638/245, Bl. 363–363R), StA Küglers Vermerk vom 29.6.1960 über ein Treffen mit Sehn in Berlin (ebd., Bl. 424–425 u. Bl. 438–439) sowie Sehns auf den

Staatsanwälten, wichtige Urkunden aus den Archiven der Hauptkommission zu erhalten, die sowohl für die Bewertung der den Beschuldigten zur Last gelegten Tatbeiträge als auch für die Sachkenntnis der Ermittler[107] grundlegend waren.

Nach zwei Jahren Ermittlungsarbeit stellte die Strafverfolgungsbehörde am 12. Juli 1961 beim LG Frankfurt am Main Antrag auf Eröffnung der gerichtlichen Voruntersuchung.[108] Der 168 Seiten umfassende Antrag enthält einen, von Staatsanwalt Vogel abgefassten historischen Teil, in dem auf der Grundlage des damaligen Forschungsstandes[109] u.a. die »Entwicklung der Judenverfolgung«, die »Organisation und Aufgabe der SS«, die »Konzentrationslager«, die »Durchführung des Vernichtungsprogramms« und die Geschichte des »Konzentrationslagers Auschwitz« dargelegt werden. In Übereinstimmung mit der herrschenden Rechtsprechung

---

Ergebnissen des Prozesses gegen den Auschwitzer Kommandanten Rudolf Höß (11.–29.03.1947) und des Krakauer Verfahrens gegen 40 SS-Männer und Frauen (Prozess gegen Liebehenschel u.a.: 24.11.–16.12.1947) basierende kurze Darstellung der Geschichte von Auschwitz-Birkenau. Jan Sehn, *Konzentrationslager Oswiecim-Brzezinka (Auschwitz-Birkenau). Auf Grund von Dokumenten und Beweisquellen,* hrsg.: Zentralkommission zur Untersuchung der Naziverbrechen in Polen, Warszawa: Wydawnictwo Prawnicze, 1957.

[107] Die Wichtigkeit »umfassende(r) zeitgeschichtliche(r) Kenntnisse« bei den Ermittlern hebt Rückerl, *Strafverfolgung*, S. 36, ausdrücklich hervor.

[108] FBI, FAP-1/HA-52, Bl. 9.379–9.547.

[109] Das Literaturverzeichnis führt u.a. an: Gerald Reitlinger, *Die Endlösung,* Berlin: Colloquium Verlag, 1956; Eugen Kogon, *Der SS-Staat,* Frankfurt am Main: Europäische Verlagsanstalt, 1946; Jan Sehn, *Konzentrationslager Auschwitz-Birkenau,* Warszawa: Wydawnictwo Prawnicze, 1957; Rudolf Höß, *Kommandant in Auschwitz,* Stuttgart: Deutsche Verlags-Anstalt, 1958; die 42bändige Ausgabe des IMT zum Nürnberger Prozess; die Dokumentensammlung *Dokumenty i Materialy,* Lodz 1946; die *Hefte von Auschwitz*, Nr. 1–3 (dt. Ausg, 1959–1960). Das Werk von Raul Hilberg, *The Destruction of the European Jews,* Chicago: Quadrangle Books, 1961, hat Kügler nach eigenen Angaben erst später vorgelegen. Siehe Interview mit Joachim Kügler, 5.5.1998 (FBI, FAP-1/I-5).

betrachtete die Staatsanwaltschaft Hitler, Göring, Himmler und Heydrich als Haupttäter, die Beschuldigten als Mittäter bzw. Gehilfen, insofern sie sich »an der Vollstreckung eines einheitlichen Vernichtungsprogramms beteiligt« hätten und »Teil der Vernichtungsmaschinerie von Auschwitz«[110] gewesen seien. In ihrer Vorbemerkung hob die Anklagebehörde hervor, dass das »vorliegende Verfahren« sich gegen »diejenigen Verantwortlichen« richte, »deren Beteiligung an den im Vernichtungslager Auschwitz begangenen Verbrechen so schwer« wiege, dass »nach den Grundsätzen der Gerechtigkeit ein öffentliches Interesse an ihrer Strafverfolgung«[111] bestehe.

Angeschuldigt wurden: 1. Richard Baer, 2. Robert Mulka, 3. Victor Capesius, 4. Kurt Uhlenbroock, 5. Willy Frank, 6. Willi Schatz, 7. Franz Hofmann, 8. Oswald Kaduk, 9. Stefan Baretzki, 10. Johann Schoberth, 11. Bernhard Rakers, 12. Heinrich Bischoff, 13. Jakob Fries, 14. Wilhelm Boger, 15. Hans Stark, 16. Pery Broad, 17. Klaus Dylewski, 18. Max Lustig, 19. Josef Klehr, 20. Hans Nierzwicki, 21. Emil Hantl, 22. Arthur Breitwieser, 23. Emil Bednarek, 24. Alois Staller, »durch mehrere selbständige Handlungen, teils allein, teils gemeinschaftlich mit anderen, aus Mordlust und sonst aus niedrigen Beweggründen, heimtückisch und grausam sowie teilweise mit gemeingefährlichen Mitteln – für die Zeit vor dem 4. September 1941 auch vorsätzlich und mit Überlegung – Menschen getötet zu haben oder dies versucht zu haben oder hierzu durch Rat und Tat wissentlich Hilfe geleistet zu haben«[112], mithin Verbrechen nach §§ 211 aF u. nF[113] (Mord), 43 aF (Versuch), 47 aF (Mittäterschaft),

[110] FBI, FAP-1/HA-52, Bl. 9.441.

[111] Ebd., Bl. 9.383.

[112] Ebd., Bl. 9.456.

[113] § 211 aF (bis zum 4.9.1941 geltend) lautet: »Wer vorsätzlich einen Menschen tötet, wird, wenn er die Tötung mit Überlegung ausgeführt hat, wegen Mordes mit dem Tode bestraft.« § 211 nF (gemäß Gesetz zur

49 aF (Beihilfe), 74 aF (Realkonkurrenz, Tatmehrheit) StGB begangen zu haben.

Der Voruntersuchungsantrag führt sodann die Tatvorwürfe im Einzelnen auf: 1. Richard Baer (Jg. 1911), SS-Sturmbannführer, Kommandant von Auschwitz I (Stammlager) in der Zeit von Mitte Mai 1944 bis zur Evakuierung des Lagers im Januar 1945, hat Befehle zur Tötung einer Vielzahl von Menschen, insbesondere von Juden aus Ungarn, erteilt; 2. Robert Mulka (Jg. 1895), SS-Hauptsturmführer, Adjutant des Lagerkommandanten Rudolf Höß von Anfang 1942 bis März 1943, hat den Befehl zum Transport des Gases Zyklon B nach Auschwitz und zur Verbringung von Deportierten zu den Gaskammern gegeben, hat sich weiterhin bei der »Verwirklichung des nationalsozialistischen Vernichtungsprogramms [...] an den auf die Tötung von Häftlingen gerichteten Maßnahmen beteiligt«[114]; 3. Victor Capesius (Jg. 1907), SS-Sturmbannführer, Leiter der SS-Apotheke in der Zeit von Ende 1943 bis Ende 1944, hat Selektionen auf der Rampe durchgeführt und überwacht, zusammen mit dem SS-Arzt Mengele Selektionen im Lager vorgenommen, die Tötungsmittel Zyklon B und Phenol angefordert, verwaltet und ausgefolgt; 4. Kurt Uhlenbroock (Jg. 1908), SS-Hauptsturmführer, Lager- und Standortarzt in der Zeit vom 17. August 1942 bis zum 2. Oktober 1942, hat SS-Ärzte zum Rampendienst eingeteilt und Selektionen im HKB angeordnet; 5. Willy Frank (Jg. 1903), SS-Hauptsturmführer, Leiter der SS-Zahnstation in der Zeit von März 1943 bis August 1944, hat sich während der Vernichtung der Juden aus Ungarn im Sommer 1944 gemäß Dienstplan

Änderung des Reichsstrafgesetzbuchs vom 4.9.1941) lautet: »1. [...] 2. Mörder ist, wer aus Mordlust, zur Befriedigung des Geschlechtstriebs, aus Habgier oder sonst aus niedrigen Beweggründen, heimtückisch oder grausam oder mit gemeingefährlichen Mitteln oder um eine andere Straftat zu ermöglichen oder zu verdecken, einen Menschen tötet.«

[114] FBI, FAP-1/HA-52, Bl. 9.461.

auf der Rampe an Selektionen beteiligt; 6. Willi Schatz (Jg. 1905), SS-Untersturmführer, SS-Zahnarzt in der Zeit von Frühjahr bis Herbst 1944, hat ebenso wie Frank »Dienst auf der Rampe« verrichtet; 7. Franz Hofmann (Jg. 1906), SS-Hauptsturmführer, Schutzhaftlagerführer in Auschwitz I (Stammlager) in der Zeit von Dezember 1942 bis Mai 1944, hat Selektionen auf der Rampe überwacht, Lagerselektionen angeordnet, bei sogenannten Bunkerentleerungen im Block 11 des Stammlagers inhaftierte Häftlinge zur Erschießung an der »Schwarzen Wand« bestimmt, Einzeltötungen durchgeführt; 8. Oswald Kaduk (Jg. 1906), SS-Hauptscharführer, Block- und Rapportführer in der Zeit von 1942 bis Januar 1945, hat Selektionen im Lager durchgeführt und eine Vielzahl von Erhängungen, Erschießungen, Einzeltötungen begangen; 9. Stefan Baretzki (Jg. 1919), SS-Rottenführer, Blockführer in Birkenau, hat sich an Selektionen auf der Rampe, an Hinrichtungen und an der Liquidierung des Theresienstädter Familienlagers (BIIb) beteiligt sowie Einzeltötungen vollzogen; 10. Johann Schoberth (Jg. 1922), SS-Unterscharführer, Mitglied der Politischen Abteilung in der Zeit von Mitte 1943 bis Mitte 1944, hat mindestens einmal im Sommer 1944 an einer Selektion mitgewirkt, mindestens einmal sich an einer Vergasungsaktion beteiligt und gemeinschaftlich mit einem Angehörigen der Politischen Abteilung Erschießungen von Häftlingen im Krematorium I (Stammlager) durchgeführt; 11. Bernhard Rakers[115] (Jg. 1905), SS-Hauptscharführer, Kommando- und Rapportführer im Stammlager und im Lager Buna/Monowitz in der Zeit von Oktober 1942 bis Dezember 1944, hat zwei

[115] Rakers war bereits vom LG Osnabrück 1953 zu lebenslangem Zuchthaus und einer Gesamtstrafe von 15 Jahren Zuchthaus wegen seiner in Auschwitz und Sachsenhausen begangenen Straftaten verurteilt worden. Siehe Urteil in: *Justiz und NS-Verbrechen,* Bd. X, S. 347–391 sowie Bd. XIV, S. 735–738 und Bd. XVI, S. 61–76.

Häftlinge getötet; 12. Heinrich Bischoff (Jg. 1904), SS-Unterscharführer, Blockführer in der Zeit von 1942 bis 1945, hat eine Vielzahl von Einzeltötungen begangen; 13. Jakob Fries (Jg. 1913), SS-Oberscharführer, 1. Arbeitsdienstführer in der Zeit von Sommer 1942 bis Anfang 1943, hat sich an Selektionen auf der Rampe beteiligt und Erschießungen an der »Schwarzen Wand« durchgeführt; 14. Wilhelm Boger (Jg. 1906), SS-Oberscharführer, Angehöriger der Politischen Abteilung in der Zeit von 1943 bis Januar 1945, hat sich an Selektionen auf der Rampe und im Zigeunerlager (BIIe) beteiligt, an Aussonderungen von Häftlingen aus Block 11 (Stammlager) mitgewirkt, eine Vielzahl von Erschießungen an der sog. Schwarzen Wand durchgeführt, bei Verhören (»verschärfte Vernehmungen«) Häftlinge zu Tode gefoltert; 15. Hans Stark (Jg. 1921), SS-Oberscharführer, Mitglied der Politischen Abteilung in der Zeit von Juni bis Dezember 1941 und von März bis November 1942, hat an Erschießungen von Häftlingen, an Selektionen auf der »alten Rampe« und an einer Vergasung im alten Krematorium (Stammlager) mitgewirkt; 16. Pery Broad (Jg. 1921), SS-Rottenführer, Angehöriger der Politischen Abteilung in der Zeit von 1942 bis Januar 1945, hat sich an Selektionen auf der Rampe beteiligt, Häftlinge bei Verhören getötet, Insassen von Block 11 (Stammlager) zur Erschießung an der »Schwarzen Wand« mit ausgewählt; 17. Klaus Dylewski (Jg. 1916), SS-Oberscharführer, Ermittlungsbeamter in der Politischen Abteilung in der Zeit von 1941 bis 1944, hat an Selektionen auf der Rampe teilgenommen, Häftlinge aus dem Arrestblock 11 (Stammlager) zur Liquidation an der »Schwarzen Wand« ausgesondert, Erschießungen selbst durchgeführt; 18. Max Lustig (Jg. 1891), SS-Obersturmführer, Chef der Gestapo der Stadt Auschwitz in der Zeit von 1941 bis 1944, hat regelmäßig an »Standgerichtsverhandlungen« gegen sog. Polizeihäftlinge in Block 11 des Stammlagers teilgenommen; 19. Josef Klehr (Jg. 1904), SS-Oberscharführer,

Sanitätsdienstgrad (SDG) und Leiter der sog. Desinfektoren in der Zeit von 1941 bis 1944, hat an Selektionen auf der Rampe mitgewirkt, Blockselektionen vorgenommen, als Leiter des Vergasungskommandos (Desinfektoren) Massentötungen in den Gaskammern durchgeführt, eine Vielzahl von Häftlingen durch Phenolinjektionen getötet; 20. Hans Nierzwicki (Jg. 1905), SS-Hauptscharführer, Sanitätsdienstgrad in der Zeit von 1942 bis 1944, hat an Selektionen im Häftlingskrankenbau (HKB) mitgewirkt, Häftlinge durch »Abspritzen«, d.h. Injektionen von Phenol ins Herz, getötet; 21. Emil Hantl (Jg. 1902), SS-Unterscharführer, Sanitätsdienstgrad in der Zeit von 1943 bis 1944, hat an Selektionen im Krankenbau mitgewirkt und durch Phenolinjektionen Häftlinge getötet; 22. Arthur Breitwieser (Jg. 1910), SS-Unterscharführer, Mitglied der Lagerverwaltung und Chef der Häftlingsbekleidungskammer von Mai 1940 bis Januar 1945, hat sich an der ersten Vergasung von Häftlingen Anfang September 1941[116] in Block 11 (Stammlager) beteiligt; 23. Emil Bednarek (Jg. 1907), Häftling in Auschwitz seit Juli 1940 (Häftlingsnummer: 1.325), Blockältester und Capo der Strafkompanie, hat eine Vielzahl von Häftlingen

[116] Die im Schriftsatz der Staatsanwaltschaft (FBI, FAP-1/HA-52, Bl. 9.537) und ebenso in der Anklageschrift (FBI, FAP-1/HA-80, Bl. 15.199) angeführte Datierung (9./10.10.1941) stützt sich auf den Bericht des Zeugen Petzold (FBI, FAP-1/HA-31, Bl. 5.309–5.314) sowie auf seine Vernehmung vom 3.2.1960 (FBI, FAP-1/HA-25, Bl. 4.189–4.190). Ohne die Aussagen von Augenzeugen der ersten Vergasung zu berücksichtigen, datieren gelegentlich Autoren (siehe z.B. Jean-Claude Pressac, *Die Krematorien von Auschwitz. Die Technik des Massenmordes,* München, Zürich: Piper Verlag, 1994, S. 41 f.und Peter Longerich, *Politik der Vernichtung. Eine Gesamtdarstellung der nationalsozialistischen Judenverfolgung,* München, Zürich: Piper Verlag, 1998, S. 444 f.u. 457) unrichtigerweise die sog. Probevergasung auf Dezember 1941. Siehe hierzu auch Karin Orth, *Das System der nationalsozialistischen Konzentrationslager. Eine politische Organisationsgeschichte,* Hamburg: Hamburger Edition, 1999, S. 139 f.

getötet; 24. Alois Staller (Jg. 1905), Häftling in Auschwitz seit August 1940, Blockältester und Capo der Strafkompanie, hat eine Vielzahl von Häftlingen eigenmächtig getötet.

Die Auswahl der Beschuldigten geschah zum einen nach dem Beweiswert der im Verlauf des Ermittlungsverfahrens erbrachten Zeugenvernehmungen und zum anderen verfolgte die Staatsanwaltschaft das Konzept, »einen Querschnitt durch das Konzentrationslager zu geben, vom Kommandanten bis zum Häftlingskapo«.[117] Nur durch eine im Verfahren zu erbringende »Gesamtdarstellung« ließen sich nach Ansicht der Strafverfolgungsbehörde die »Funktion der einzelnen in der Lagerhierarchie«[118] und somit ihre individuellen Tatbeiträge feststellen.

Die Staatsanwaltschaft übergab dem Untersuchungsrichter 52 Bände der Hauptakten mit Vernehmungsprotokollen (circa 600 Vernehmungen), Fragebogen und sonstigen Schriftstücken von rund 800 Zeugen[119] sowie Beiakten und Urkunden. Mit Verfügung vom 9. August 1961[120] eröffnete der Untersuchungsrichter IV, Landgerichtsrat Heinz Düx, beim LG Frankfurt am Main die gerichtliche Voruntersuchung, die er am 19. Oktober 1962 (Schließungsverfügung)[121] schloss. Die Zahl der Beschuldigten war von

---

[117] Interview mit Gerhard Wiese, Anklagevertreter im Auschwitz-Prozess, 30.3.1998 (FBI, FAP-1/I-3).

[118] Ebd.

[119] Siehe Verzeichnis der Zeugen, Ermittlungssache 4 Js 444/59, Hauptakten, Bd. 1–Bd. 52 (FBI). OStA Heinz Wolf erklärte gegenüber der Presse, insgesamt seien 1.000 Zeugen vernommen worden, darunter 800 ehemalige Häftlinge von Auschwitz (»Auschwitz-Prozeß in Frankfurt«, in: *Frankfurter Allgemeine Zeitung* vom 22.7.1961 und »Massenmörder von Auschwitz«, in: *Frankfurter Rundschau* vom 22.7.1961).

[120] FBI, FAP-1/HA-53, Bl. 9.628–9.671.

[121] FBI, FAP-1/HA-74, Bl. 13.799–13.809.

ursprünglich 24 durch Verbindungs- bzw. Ausdehnungsanträge auf 28[122], der Bestand der Hauptakten um 22 Bände angewachsen.

Mit dem Verfahren verbunden wurde die Voruntersuchung gegen Herbert Scherpe[123] (Jg. 1907), SS-Oberscharführer, Sanitätsdienstgrad in der Zeit von 1942 bis 1943, beschuldigt der Teilnahme an Selektionen und der Tötung von Häftlingen durch Phenoleinspritzungen; Franz Lucas[124] (Jg. 1911), SS-Obersturmführer, Lager- und Truppenarzt in der Zeit von Frühjahr bis Sommer 1944, beschuldigt der Beteiligung an Selektionen auf der Rampe in Birkenau während der RSHA-Transporte aus Ungarn; Karl Höcker[125] (Jg. 1911), SS-Obersturmführer, Adjutant des Lagerkommandanten Richard Baer in der Zeit von Mai 1944 bis Januar 1945, beschuldigt der Mitwirkung am in Auschwitz durchgeführten Vernichtungsprogramm; Bruno Schlage[126] (Jg. 1903), SS-Oberscharführer, Arrestaufseher in Block 11 des Stammlagers in der Zeit von Ende 1941 bis zur Auflösung des Lagers, beschuldigt der Beteiligung an Aussonderungen und Erschießungen von Häftlingen von Block 11; Gerhard Neubert[127] (Jg. 1909), SS-Unterscharführer, Sanitätsdienstgrad in der Zeit von 1943 bis Ende 1944, beschuldigt der Mitwirkung an Selektionen im Häftlingskrankenbau des Lagers Buna/Monowitz.

---

122 Das Verfahren gegen Lustig war mit dessen Tod (9.1.1962) erledigt.

123 StA F, 4 Ks 2/63, Antrag vom 28.8.1961, Bd. 54, Bl. 9.890–9.893; Beschluss vom 2.9.1961, ebd., Bl. 9.894–9.895.

124 StA F, 4 Ks 2/63, Antrag vom 23.1.1962, Bd. 61, Bl. 11.329–11.335; Beschluss vom 29.1.1962, ebd., Bl. 11.337–11.338.

125 Ebd.

126 StA F, 4 Ks 2/63, Antrag von 14.2.1962, Bd. 65, Bl. 11.470a–11.470c; Beschluss vom 5.3.1962, ebd., Bl. 11.470d–11.470e.

127 StA F, 4 Ks 2/63, Antrag vom 9.4.1962, Bd. 65, Bl. 12.175–12.178; Beschluss vom 24.4.1962, ebd., Bl. 12.191–12.192.

Im Rahmen der gerichtlichen Voruntersuchung waren ca. 200 weitere Zeugen hinzugekommen und größtenteils richterlich vernommen worden. Hilfreich für den Untersuchungsrichter erwiesen sich neben Langbein[128] die *Untersuchungsstelle für NS-Gewaltverbrechen beim Landesstab der Polizei*/Tel Aviv sowie das *Landesgericht für Strafsachen*/Wien, die im Rahmen von Rechtshilfeersuchen kommissarische Vernehmungen durchführten. Düx reiste auch in die DDR und erhielt vom dortigen Generalstaatsanwalt durch die Übergabe von urkundlichem Beweismaterial wichtige Unterstützung.[129]

Am LG Frankfurt am Main stieß Düx hingegen auf »Widerstände«, das Verfahren in der Weise durchzuführen, wie es die Staatsanwaltschaft beabsichtigte. Düx zufolge »war es [...] manchen Personen [...] ein Dorn im Auge, dass dieser Gesamtkomplex Auschwitz jetzt sozusagen im Rahmen einer Generalbereinigung vor die Justiz gebracht werden sollte. Ich entsinne mich noch, dass einige Personen aus der Justiz an mich herantraten, die an und für sich mit dem Komplex Auschwitz zuständigkeitshalber gar nichts zu tun hatten [...] und mich dazu zu bewegen versuchten, den Auschwitz-Prozess in viele kleine Prozesse zu zerlegen. Ich habe mich solchen Bestrebungen gegenüber aber ablehnend verhalten, denn das wäre praktisch mit einer Versandung des ganzen Komplexes gleichbedeutend gewesen. Also, es hatte nur Sinn, die Massentötungen während des NS-Regimes in

---

[128] Siehe den Text von Heinz Düx, »In memoriam Hermann Langbein«, in: Hermann Langbein, *Das 51. Jahr* . Mit Beiträgen von Heinz Düx, Ursula Wirth, Werner Renz, Frankfurt am Main: Fritz Bauer Institut, 1996, S. 11–16 (Materialien Nr. 15), in dem er die herausragenden Verdienste Langbeins würdigt.

[129] Interview mit Heinz Düx, Untersuchungsrichter im Auschwitz-Verfahren, 10.12.1997 (FBI, FAP-1/I-1). Siehe auch Heinz Düx, »Singuläre Erscheinung von historischem Rang: Fritz Bauer«, in: Ulrich Schneider (Hrsg.), *Auschwitz – ein Prozess. Geschichte, Fragen, Wirkungen,* Köln: PapyRossa Verlag, 1994, S. 74–81.

dieser komplexen Form vor die Justiz zu bringen.«[130] Und Düx weiter: »Es gab [...] relativ potente Kräfte, die danach trachteten, den Prozess zu verhindern oder zumindest in einer vereinfachenden Form stattfinden zu lassen, nämlich in der Form, dass jeweils nur ganz konkrete Dinge zur Sprache kommen sollten und mit möglichst wenig Angeklagten. Wenn man so verfahren wäre, hätte das bedeutet, dass der eigentliche Hintergrund der ganzen Sache gar nicht aufgehellt worden wäre.«[131]

Trotz aller Widerstände kam es durch die gemeinsame Anstrengung der Sachbearbeiter und des Untersuchungsrichters zu dem Prozess. Im April 1963 legte die Staatsanwaltschaft nach nahezu vier Jahren Ermittlungsdauer in ihrer 700 Blatt umfassenden Schwurgerichtsanklage[132] das Ermittlungsergebnis vor, stellte somit bei der für die Eröffnung von Schwurgerichtsverfahren zuständigen Strafkammer des LG Frankfurt am Main Antrag auf Eröffnung des Hauptverfahrens gegen 24 Angeschuldigte wegen Mordes. Die Verfahren gegen vier Beschuldigte, Fries, Rakers, Uhlenbroock[133] und Staller, waren auf Antrag der Staatsanwaltschaft[134] durch

130 Interview mit Heinz Düx, ebd.

131 Ebd. – Düx' Erinnerung wird gestützt durch seine nur für ihn selbst bestimmte Aufzeichnung vom 17.8.1961, wenige Tage nach der Eröffnung der gerichtlichen Voruntersuchung (Geheimvermerk Nr. 1, FBI, FAP-1/BA-5).

132 FBI, FAP-1/HA-78–80, Bl. 14.605–15.304.

133 Uhlenbroock wurde am 4.9.1964 als Zeuge vernommen und bekundete, »bis zum 28. oder 29. August [1942, W.R.] in Auschwitz« (in: *Der Auschwitz-Prozeß, DVD-ROM*, S. 17.028) Dienst gemacht zu haben, an der am 29.8.1942 durchgeführten HKB-Selektion aber nicht beteiligt gewesen zu sein.

134 FBI, FAP-1/HA-77, Bl. 14.570–14.604, Antrag vom 16.4.1963. 1. Fries war nicht nachzuweisen, dass er sich mit Entscheidungsbefugnis an Selektionen auf der Rampe beteiligt hatte. Seine Einlassung, auf der Rampe nur Handwerker für Arbeitskommandos ausgesucht zu haben, war dem Beschuldigten nicht zu widerlegen. Die StA wertete Fries' Tätigkeit

Beschluss der 3. Strafkammer des LG Frankfurt am Main[135] vorläufig eingestellt bzw. die Angeschuldigten außer Verfolgung gesetzt worden.

Die 3. Strafkammer beim LG Frankfurt am Main eröffnete mit Beschluss vom 7. Oktober 1963[136] das Hauptverfahren gegen 23 Angeschuldigte. Richard Baer war am 17. Juni 1963 in der Untersuchungshaftanstalt an einem Herz- und Kreislaufversagen[137], noch nicht 52-jährig, verstorben.

Der Eröffnungsbeschluss weist nicht unerhebliche Abweichungen in der rechtlichen Qualifikation der Taten auf, die den Angeschuldigten zur Last gelegt wurden. Während die Staatsanwaltschaft Anklage wegen Mordes gegen alle 24 Angeschuldigte erhoben hatte, befand das LG Frankfurt am Main nach den bisherigen Ermittlungsergebnissen Boger, Dylewski, Broad, Hofmann, Kaduk, Baretzki, Bischoff, Capesius, Klehr, Nierzwicki und Bednarek des Mordes,

---

auf der Rampe als Beihilfe. Da Fries bereits von einem Nürnberger Schwurgericht zu 13 Jahren Zuchthaus verurteilt worden war, eine mögliche erneute Bestrafung im Frankfurter Verfahren mithin »nicht ins Gewicht« fiel, erschien der StA die »vorläufige Einstellung des Verfahrens nach § 154 StPO geboten«. 2. Im Falle Rakers, der vom LG Osnabrück wegen seiner in Sachsenhausen und in Auschwitz verübten Verbrechen lebenslanges Zuchthaus erhalten hatte, war die Strafklage verbraucht. 3. Uhlenbroock, nahezu drei Wochen Standortarzt in Auschwitz (August/September 1942), war nach den Erkenntnissen der Strafverfolgungsbehörde »nicht hinreichend verdächtig, […] an der […] massenweisen Tötung von Menschen beteiligt gewesen zu sein«, da keine Zeugen zu ermitteln waren, die seine Beteiligung hätten bekunden können. 4. Dem Funktionshäftling Staller, der eine Vielzahl von Häftlingen misshandelt hatte, war nicht nachzuweisen, dass einer der von ihm geschlagenen Lagerinsassen den Tod durch seine Hand gefunden hatte.

135 FBI, FAP-1/HA-84, Bl. 16.136–16.138, Beschluss vom 24.6.1963.

136 FBI, FAP-1/HA-88, Bl. 17.069–17.103.

137 FBI, FAP-1/HA-84, Bl. 16.096. – Baer beging nicht, wie Alfred Streim meint, Selbstmord (siehe seinen Artikel »Auschwitz«, in: *Enzyklopädie des Nationalsozialismus,* hrsg. von Wolfgang Benz, Hermann Graml und Hermann Weiß, Stuttgart: Klett-Cotta Verlag, 1997, S. 383).

hingegen Mulka, Höcker, Schoberth, Schlage, Stark, Breitwieser, Lucas, Frank, Schatz, Scherpe, Hantl, Neubert (Dylewski und Broad in besonderen Fällen) lediglich der Beihilfe zum Mord verdächtig. Die Staatsanwaltschaft legte keine Beschwerde ein, um das Verfahren nicht zu verzögern.[138]

Der 1. Frankfurter Auschwitz-Prozess begann schließlich am 20. Dezember 1963. Nach 181 Verhandlungstagen, nachdem 360 Zeugen (darunter 211 Überlebende von Auschwitz) und acht Sachverständige gehört worden waren, sprach das Schwurgericht am 19. August 1965 sein Urteil. Zu lebenslangem Zuchthaus wurden wegen befehlslos begangenen Mordes und wegen auf Befehl verübten gemeinschaftlichen Mordes fünf Angeklagte verurteilt: Schutzhaftlagerführer Franz Hofmann, Rapportführer Oswald Kaduk, Sanitätsdienstgrad Josef Klehr, Blockführer Stefan Baretzki und Wilhelm Boger von der Lagergestapo. Im Falle des Funktionshäftlings Emil Bednarek lautete der Schuldspruch ebenfalls lebenslanges Zuchthaus wegen eigenmächtiger Tötungen. Hans Stark, da zur Tatzeit noch unter 21 Jahren, erhielt wegen gemeinschaftlicher Morde zehn Jahre Jugendstrafe. Zehn Angeklagte, die Adjutanten Robert Mulka und Karl Höcker, SS-Arzt Franz Lucas, SS-Zahnarzt Willy Frank, SS-Apotheker Victor Capesius, die Sanitätsdienstgrade Emil Hantl und Herbert Scherpe, die Angehörigen der Politischen Abteilung Pery Broad und Klaus Dylewski sowie den Arrestaufseher Bruno Schlage erachtete das Gericht als Tatgehilfen und verurteilte sie wegen gemeinschaftlicher Beihilfe zum gemeinschaftlichen Mord zu Freiheitsstrafen von 3¼ bis 14 Jahren. Frei sprachen die Richter mangels Beweisen drei Angeklagte: SS-Zahnarzt Willi Schatz, Arthur

[138] Interview mit Gerhard Wiese, 30.3.1998 (FBI, FAP-1/I-3).

Breitweiser (Häftlingsbekleidungskammer) und Johann Schoberth (Politische Abteilung).

Der Bundesgerichtshof[139] bestätigte bis auf den Fall Lucas das Urteil des Frankfurter Schwurgerichts. Genau fünf Jahre nach dem Ende des Prozesses begann in Frankfurt am Main das Verfahren gegen Franz Lucas, dem nach Erkenntnis des BGH nicht lückenlos hatte widerlegt werden können, dass er – so seine Einlassung – im (vermeintlichen) Notstand gehandelt hatte. Die Neuverhandlung des Falles Lucas konnte nach der Entscheidung der Karlsruher Richter nur ein Ergebnis[140] haben. Lucas wurde mit Urteil vom 8. Oktober 1970[141] freigesprochen. Für die von März 1965 bis März 1968 erlittene Untersuchungshaft[142] wurde er aber nicht entschädigt. In seinem Beschluss führte das Gericht aus, das Verhalten von Lucas sei »bei aller strafrechtlich schuldlosen Verstrickung [...] vom allgemeinen sittlichen Standpunkt aus doch verurteilenswert« und es bleibe »nach den festgestellten Umständen [...] eine grobe Unsittlichkeit der zur Untersuchung gezogenen Tat des Angeklagten bestehen«.

---

[139] FBI, FAP-1/HA-128, Bl. 20.761–20.826.

[140] Siehe Interview mit Jürgen Hess, Ankläger in der Neuverhandlung gegen Lucas, 13.09.2000 (FBI, FAP-1/I-10).

[141] FBI, FAP-1/HA-128, Bl. 20.959–20.993.

[142] Ebd., Bl. 20.888.

AUSCHWITZ ALS AUGENSCHEINSOBJEKT: ORTSTERMIN IN AUSCHWITZ

In Polen, hinter dem »Eisernen Vorhang«, lag der Tatort. Der Augenschein, das Beweismittel, schien unerreichbar. Auschwitz, der Ort, an dem die im 1. Frankfurter Auschwitz-Prozess zur Verhandlung stehenden Verbrechen begangen worden waren, war dem Schwurgericht unbekannt. In Zeiten des Kalten Krieges fiel es bundesdeutschen Richtern nicht eben leicht, in Sachen NS-Verbrechen ihrer Aufklärungspflicht zu genügen.

Im Verlauf der Beweisaufnahme erwies es sich für das Gericht bis zum Dezember 1964 als äußerst schwierig, diejenigen Aussagen der 22 Angeklagten und der Zeugen auf ihren Wahrheitsgehalt zu überprüfen, in denen von bestimmten Sichtmöglichkeiten im Stammlager Auschwitz und im Vernichtungslager Birkenau die Rede war. Wohl hatten die Frankfurter Tatrichter Lagerpläne zur Hand, die das Staatliche Museum Auschwitz-Birkenau für die Wahrheitsfindung großzügig zur Verfügung gestellt hatte. Den Tatort Auschwitz selbst kannte das Schwurgericht aber nicht.

Angeklagte ließen sich vielfach dahingehend ein, sie hätten von bestimmten Vorgängen im Lager keine Kenntnis haben können, da ihre Dienstzimmer außerhalb des Schutzhaftlagers gewesen seien. Auch Zeugenbekundungen, von einer bestimmten Stelle aus, über eine gewisse Entfernung hinweg, Angeklagte z.B. bei Erschießungen, bei Selektionen auf der Rampe, beim Einwerfen von Zyklon B in die Gaskammern gesehen zu haben, konnten die Richter auf ihren Beweiswert nicht zweifelsfrei prüfen. Wie beweiserheblich derartige Aussagen waren, war mithin nicht entscheidbar.

Rechtsanwalt Henry Ormond[1] – zusammen mit seinem Sozius Christian Raabe Vertreter von 15 Nebenklägern – war es gewesen, der den entscheidenden Anstoß zum Zustandekommen des Ortstermins in Auschwitz gab. Ormond, durch seine anwaltliche Tätigkeit[2] und durch einen bereits 1960 gemachten Besuch der Gedenkstätte Auschwitz/Birkenau mit der Geschichte und der Topographie des Lagers genauestens vertraut, stellte mit Schriftsatz vom 8. Juni 1964 Antrag[3] auf »Augenscheinseinnahme« des Tatortes Auschwitz. Die Ortsbesichtigung sollte als Teil der Beweisaufnahme zur Klärung von Fragen beitragen, die im Verlauf der Hauptverhandlung sich ergeben hatten. Zweifel der Verteidigung an der Glaubwürdigkeit und Zuverlässigkeit von Zeugen ließen sich am ehesten durch einen Ortstermin in Auschwitz zerstreuen. In der Sitzung vom 8. Juni 1964 begründete Ormond seinen Antrag dahingehend, dass »noch so gute Skizzen und

---

[1] Zu Ormond siehe Dolf Weber, »Henry Ormond – ein juristisches Gewissen Deutschlands«, in: Klaus Reichert, Manfred Schiedermair, Albrecht Stockburger, Dolf Weber (Hrsg.), *Recht, Geist und Kunst. liber amicorum für Rüdiger Volhard,* Baden-Baden: Nomos Verlagsgesellschaft, 1996, S. 208–224 und Katharina Rauschenberger, Werner Renz (Hrsg.), *Henry Ormond – Anwalt der Opfer. Plädoyers in NS-Prozessen,* Frankfurt am Main, New York: Campus Verlag, 2015.

[2] Ormond vertrat in dem Musterprozess »In Sachen Wollheim gegen I.G. Farben« (Landgericht Frankfurt am Main, 1952/1953, Az.: 2/3 O 406/51) den Auschwitz-Überlebenden Norbert Wollheim. Wollheim war Anfang März 1943 zusammen mit Ehefrau und drei-jährigem Sohn im Rahmen der »Fabrik-Aktion« von Berlin nach Auschwitz deportiert worden und hatte für die I.G. Farbenindustrie AG in dem Werk IG Auschwitz O/S Zwangsarbeit leisten müssen. Siehe Wollheims eidesstattliche Erklärung vom 3.6.1947 (NI-9807) sowie seine staatsanwaltschaftliche Vernehmung vom 16.8.1963 (Frankfurt am Main), Fritz Bauer Institut (FBI), Sammlung Frankfurter Auschwitz-Prozesse (FAP), Hauptakten (HA), FBI, FAP-2/HA-85, Bl. 16.063–16.067 (2. Frankfurter Auschwitz-Prozess).

[3] FBI, FAP-1/HA-99, Anlage 1 zum Protokoll vom 8.6.1964.

Schaubilder« den »persönlichen Eindruck nicht ersetzen«[4] könnten. »Einsicht- und Beobachtungsmöglichkeiten«, von denen in den Zeugenaussagen wiederholt die Rede war, seien nur an »Ort und Stelle«[5] zu prüfen.

Ormonds Antrag stieß bei dem Vorsitzenden Richter, Hans Hofmeyer, auf größte Bedenken. Amtshandlungen eines deutschen Gerichts in Polen, führte er aus, seien nicht möglich, weil ein deutscher Richter in einem anderen Land keine Souveränitätsrechte ausüben könne. In einer etwaigen Einnahme des Augenscheins in Auschwitz durch einen deutschen Richter sah Hofmeyer eine Verletzung der Souveränität des polnischen Staates. Rechtsanwalt Hans Laternser[6] – zusammen mit Rechtsanwalt Fritz Steinacker Verteidiger der Angeklagten Victor Capesius (SS-Apotheke), Willi Schatz und Willy Frank (beide SS-Zahnstation), Pery Broad und Klaus Dylewski (beide Politische Abteilung) – schloss sich dem Gericht an und hob hervor, dass die »Achtung der Souveränität« eines Staates »einer der fundamentalsten Grundsätze im Völkerrecht«[7] sei. Selbst bei Einwilligung der Volksrepublik Polen auf Einschränkung ihrer Souveränitätsrechte könne ein deutscher Richter keine Amtshandlung auf ausländischen Boden vornehmen. Rechtsanwalt Hans Schallock, Zweitverteidiger des Angeklagten Wilhelm Boger (Politische Abteilung), stimmte hingegen dem Antrag Ormonds zu.[8]

---

[4] *Der Auschwitz-Prozeß. Tonbandmitschnitte, Protokolle und Dokumente, DVD-ROM,* 2., durchges. u. verb. Aufl., hrsg. vom Fritz Bauer Institut und dem Staatlichen Museum Auschwitz-Birkenau, Berlin: Directmedia, 2005 (Digitale Bibliothek, Bd. 101), S. 10.138.

[5] Ebd.

[6] Zu Laternser siehe sein Buch *Die andere Seite im Auschwitz-Prozess 1963/65. Reden eines Verteidigers,* Stuttgart: Seewald Verlag, 1965.

[7] *Auschwitz-Prozess, DVD-ROM,* S. 10.142.

[8] Ebd., S. 10.142 f.

Mit Schriftsatz vom 11. Juni 1964 unterstützte auch Rechtsanwalt Friedrich Karl Kaul[9], Vertreter von sechs Nebenklägern[10] aus der DDR, Ormonds Vorhaben und versuchte, die von Vertretern der Verteidigung vorgebrachten Bedenken zu entkräften.

Von großer Wichtigkeit für die Entscheidungsfindung war die »Stellungnahme« der Anklagevertretung, die sie mit Schriftsatz vom 22. Juni 1964 abgab und in der sie die Durchführung eines Lokaltermins bejahte. Eine »Augenscheinseinnahme« schien der Staatsanwaltschaft im Interesse der Wahrheitsfindung zweckdienlich, weil sie »im besonderen Maße geeignet« sei, »dem Gericht eine eindeutige Kenntnis der räumlichen Gesamtsituation und räumlichen Zusammenhänge zu geben«.[11] Mit ihrer Stellungnahme handelte die Anklagebehörde entgegen einer Anweisung des Hessischen Justizministeriums. Laut einem im Bundesjustizministerium angefertigten Vermerk vom 11. Juni 1964 hatte das Wiesbadener Ministerium die Staatsanwaltschaft »nachdrücklich angewiesen, […] dem Antrag auf Einnahme des Augenscheins zu widersprechen«.[12]

Gleichfalls mit Schriftsatz vom 22. Juni 1964 legten die Rechtsanwälte Laternser/Steinacker ihre Bedenken ausführlich dar. »In materieller Beziehung« sei eine Ortsbesichtigung 20 Jahre nach dem Tatgeschehen »ein Widerspruch in sich selbst«, sei doch der Tatort durch die Einrichtung eines Museums auf dem Lagergelände, durch Instandsetzungen, auch

---

[9] FBI, FAP-1/HA-99, Anlage 2 zum Protokoll vom 11.6.1964.

[10] Margarete Dombrowsky, Käthe Jaffe, Erwin Naphtali, Hans Spicker, Paula Rosenberg und Günter Schall.

[11] FBI, FAP-1/HA-99, Anlage 2 zum Protokoll vom 22.6.1964. Siehe auch das Schreiben der StA an den Hessischen Minister der Justiz vom 18.6.1964 (Hessisches Ministerium der Justiz, Wiesbaden, Az.: III (IV-1076/59), Bd. IV, Bl. 140–144), in dem die Stellungnahme im Wortlaut enthalten ist.

[12] Bundesarchiv Koblenz (=BAK), B 141/22762, Bl. 4.

durch »Verdeutlichungen«, derart verändert worden, dass eine »Gewinnung sicherer Beweisanzeichen nach 20 Jahren [...] nicht mehr einwandfrei möglich« scheine. »In formeller Beziehung« setze eine »Durchreise durch die SBZ« bzw. eine »Durchreise durch die Tschecho-Slowakei« eine »Vereinbarung mit der SBZ« respektive eine zwischenstaatliche Vereinbarung mit Prag voraus. Auch habe die Durchführung einer richterlichen Tätigkeit auf polnischem Boden eine Vereinbarung zwischen der Bundesrepublik Deutschland und der Volksrepublik Polen zur Voraussetzung. Überdies empfanden die beiden Anwälte eine »Reise hinter den Eisernen Vorhang [...] unter den augenblicklichen politischen Verhältnissen in keinem Falle zumutbar«.[13] Sie beantragten, Ormonds Antrag abzulehnen, da er »völlig unsubstantiiert«[14] sei.

Henry Ormond bekräftigte seinen Antrag mit Schriftsatz vom 30. Juni 1964, in dem er darlegte, »durch den Augenschein« solle »die räumliche Gesamtsituation des Konzentrationslagers Auschwitz« verdeutlicht werden. Die »Beobachtungsmöglichkeiten innerhalb der einzelnen Lagerabschnitte« sollten »im Hinblick auf die den einzelnen Angeklagten zur Last gelegten Taten« nachgeprüft werden. Insbesondere solle geklärt werden, »ob und inwieweit Vorgänge« in der Politischen Abteilung (Lagergestapo), im Alten Krematorium (Stammlager), im Hof von Block 11 des Stammlagers (Erschießungen an der Schwarzen Wand), im Häftlingskrankenbau (wo die Tötungen mittels Phenol-Injektionen stattfanden), auf der Alten Rampe bzw. »Judenrampe« am Güterbahnhof sowie der neuen Rampe in Birkenau (seit Mai 1944 »in Betrieb«), »wo die Selektionen erfolgten, von der Lagerstraße oder von anderen Blocks aus eingesehen und beobachtet werden konnten«.[15]

---

13 FBI, FAP-1/HA-99, Anlage 2 zum Protokoll vom 22.6.1964.

14 *Auschwitz-Prozess, DVD-ROM*, S. 11.352.

15 FBI, FAP-1/HA-99, Anlage 2 zum Protokoll vom 3.7.1964.

Ormond[16] hatte bereits Vorbereitungen für den Ortstermin getroffen. Er stand seit Februar 1962[17] in Verbindung mit Jan Sehn[18], dem Beauftragten der polnischen Regierung. In Verhandlungen mit Sehn hatte er die Möglichkeiten einer Ortsbesichtigung erörtert. In der Anlage zu seinem Antrag vom 8. Juni 1964 übergab Ormond dem Gericht eine vom polnischen Minister der Justiz für Sehn erteilte Vollmacht, dem Frankfurter Gericht gegenüber zu erklären, die Regierung der Volksrepublik Polen wolle einen etwaigen Antrag des Gerichts auf Abhaltung eines Ortstermins wohlwollend prüfen. Bereits im April 1964 hatte Sehn Generalstaatsanwalt Fritz Bauer die ihm erteilte Vollmacht überreicht, die Bauer mit Schreiben vom 30. April 1964[19] an den hessischen Minister der Justiz mit der Bitte um Kenntnisnahme weiterleitete. Laut Vermerk vom 5. Juni 1964 hielt der zuständige Beamte im Justizministerium betr. Ortstermin in Auschwitz Vortrag beim Staatssekretär (29. Mai 1964) und wenige Tage darauf auch beim Minister (2. Juni 1964).[20] Das Entgegenkommen Polens, die Bereitschaft, im Interesse der Wahrheitsfindung die Durchführung einer Ortsbesichtigung zu ermöglichen, brachte Bonn und Wiesbaden in eine missliche Lage. Beide wollten die heikle Reise nach Polen durchaus vermeiden. Die politischen Bedenken waren zunächst größer als das Bestreben, die nationalsozialistischen Verbrechen aufzuklären.

---

[16] Siehe sein Schreiben an Sehn vom 3.2.1964 (ebd., Anlage 1 zum Protokoll vom 8.6.1964.

[17] Nachlass Ormond, Aktenvermerk vom 1.3.1962, FBI, FAP-1/NK-4.

[18] Sehn (1909–1965), Untersuchungsrichter im Prozess gegen den Auschwitzer Kommandanten Rudolf Höß (11.3.–29.3.1947) und in anderen NS-Verfahren in Polen, war Direktor des Instituts für Kriminologie in Krakau.

[19] Hessisches Ministerium der Justiz, Wiesbaden, Az.: III (IV–1076/59), Bd. IV, Bl. 120.

[20] Ebd., Bl. 123.

Durch Erlass vom 5. Juni 1964[21] erbat der hessische Justizminister eine Stellungnahme der Staatsanwaltschaft, die diese mit Bericht vom 18. Juni 1964[22] abgab. Bauer trat umgehend den »Berichtsausführungen« der ihm unterstellten Behörde bei und hob gegenüber dem Minister hervor, der Bundesgerichtshof habe ausgeführt, »dass es unter Umständen eine Verletzung der richterlichen Aufklärungspflicht (§ 244 Abs. 2 StPO) darstellen könne, wenn das Gericht seine Feststellungen über die Verhältnisse am Tatort nur auf die Skizze stützt, statt darüber auch andere Beweismittel zu verwenden, beispielsweise eine Ortsbesichtigung vorzunehmen«.[23] Unschwer erkennbar ist, dass Bauer die Reise an den Tatort wünschte und unterstützte.

Seitens der Verteidigung stellte Rechtsanwalt Wolfgang Zarnack[24], Verteidiger des Angeklagten Arthur Breitwieser (Chef der Häftlingsbekleidungskammer), mit Schriftsatz vom 17. Juni 1964 sowie Rechtsanwalt Gerhard Göllner[25], Verteidiger der Angeklagten Franz Hofmann (Schutzhaftlagerführer) und Josef Klehr (Sanitätsdienstgrad), mit Schriftsatz vom 11. Juli 1964 Antrag auf Einnahme des Augenscheins. Auch Rechtsanwalt Eugen Gerhardt (Rechtsbeistand des Angeklagten Stefan Baretzki (Blockführer)), der sich zunächst dem Ablehnungsantrag seiner Kollegen Laternser/Steinacker angeschlossen hatte, beantragte nunmehr mit Schriftsatz vom 23. September 1964[26] eine Ortsbesichtigung in Auschwitz, um im Interesse seines Mandanten Aussagen des Zeugen Otto Dov Kulka (Jerusalem) bezüglich seiner Beobachtungen von Selektionen auf der Birkenauer Rampe überprüfen zu lassen. Rechtsanwalt Georg Bürger,

[21] Ebd., Bl. 123R-124.

[22] Ebd., Bl. 140–144.

[23] Ebd., Bl. 145.

[24] FBI, FAP-1/HA-99, Anlage 1 zum Protokoll vom 18.6.1964.

[25] Ebd., Anlage 2 zum Protokoll vom 13.7.1964.

[26] Ebd., FAP-1/HA-103, Anlage 3 zum Protokoll vom 15.10.1964.

Verteidiger von Bruno Schlage, Arrestaufseher in Block 11 (Stammlager), schloss sich in seinem Schriftsatz vom 13. Oktober 1964[27] den Anträgen an. Ihm lag daran, im Block 11 des Stammlagers nachforschen zu lassen, ob eine Unterhaltung zwischen Insassen der Steh- und der Arrestzellen möglich gewesen sei.

Das Schwurgericht, das ohne politische Rückendeckung nicht handeln konnte, wandte sich mit Schreiben vom 23. Juni 1964 an den Hessischen Minister der Justiz, legte den Sachverhalt dar und bat um Prüfung der Frage, »ob von Seiten des Ministeriums geeignete Schritte unternommen werden sollen, eine Amtshandlung des Schwurgerichts im Raum des polnischen Staates zu ermöglichen«.[28] Das Ministerium wandte sich umgehend mit Schreiben vom 30. Juni 1964 an den Bundesminister der Justiz und unterstrich, dass die Frage, »ob ein deutsches Schwurgericht in Polen Amtshandlungen vornehmen« könne, einer »Klärung auf diplomatischem Wege« bedürfe. Erforderlich war nach Auffassung des Wiesbadener Ministeriums eine »Stellungnahme des Auswärtigen Amtes zu der Frage, [...] ob es auf diplomatischem Wege möglich« sei, »mit der polnischen Regierung Verhandlungen über einen etwaigen Augenscheinstermin in Auschwitz und den Nebenlagern durch das Schwurgericht«[29] zu führen.

In Bonn fand am 23. Juli 1964 eine Ressortbesprechung[30] im Bundesjustizministerium wegen des Problems des Rechtshilfeersuchens betr. Lokaltermin in Auschwitz statt. Vertreter des Auswärtigen Amtes, des Bundesministeriums des Innern und des Bundeskanzleramtes nahmen an der Besprechung

[27] Ebd., Anlage 6 zum Protokoll vom 15.10.1964.

[28] Ebd., FAP-1/HA-91, Bl. 17.941–17.942; ebenso Hessisches Ministerium der Justiz, Wiesbaden, Az.: III (IV–1076/59), Bd. IV, Bl. 153–154.

[29] Hessisches Ministerium der Justiz, Wiesbaden, Az.: III (IV–1076/59), Bd. IV, Bl. 171R.

[30] Vermerk vom 23.7.1964, BAK, B 141/22762, Bl. 41–45.

teil. Sowohl das Auswärtige Amt als auch das Bundesjustizministerium sahen eine Möglichkeit, mit der Volksrepublik Polen, mit der die Bundesrepublik Deutschland keine diplomatischen Beziehungen unterhielt, eine Vereinbarung hinsichtlich des geplanten Ortstermins zu treffen. Mit Schnellbrief vom 31. Juli 1964[31] an den Hessischen Minister der Justiz bat das Bonner Justizministerium um eine erneute Stellungnahme des Schwurgerichts, die dieses mit Datum vom 21. August 1964[32] vorlegte. Eine Entscheidung über die Notwendigkeit einer Beweiserhebung am Tatort, wie sie von den Bonner Stellen erwartet wurde, traf das Gericht jedoch noch nicht.

Die Situation war verfahren. Das Auswärtige Amt machte die Aufnahme von Verhandlungen mit Polen von dem ausstehenden Gerichtsbeschluss abhängig. Das Schwurgericht wiederum betrachtete den Abschluss einer zwischenstaatlichen Vereinbarung als Voraussetzung für eine eigene Entscheidung über die von Ormond und anderen gestellten Beweisanträge.

Um eine Klärung über die Nützlichkeit einer Ortsbesichtigung herbeizuführen, vernahm das Gericht am 16. Oktober 1964 Landgerichtsrat Heinz Düx[33] über seine Wahrnehmungen anlässlich einer Auschwitzreise im Juli 1963.[34] Düx, der vom 9. August 1961 bis zum 19. Oktober

[31] Hessisches Ministerium der Justiz, Wiesbaden, Az.: III (IV–1076/59), Bd. IV, Bl. 191–193.

[32] FBI, FAP-1/HA-92, Bl. 18.022–18.023.

[33] *Auschwitz-Prozess, DVD-ROM,* S. 21.842–21.897. Siehe auch FBI, FAP-1/HA-103, Protokoll vom 16.10.1964, Bl. 809 f. Die StA hielt bereits in einem Vermerk vom 2.8.1963 fest, sie beabsichtige, Düx »für die Hauptverhandlung als Zeugen zu benennen« (ebd., FAP-1/HA-86, Bl. 16.470).

[34] Siehe den Vermerk (mit 15 Fotos) von Düx vom 1.8.1963 (ebd., FAP-1/HA-86, Bl. 16.471–16.482). Düx nahm das Lager im Rahmen der gerichtlichen Voruntersuchung in der Strafsache gegen Albrecht u.a.

1962[35] die gerichtliche Voruntersuchung im Verfahren gegen Mulka u.a. durchgeführt hatte, legte dar, bei der Feststellung von »Örtlichkeitsfragen«[36] würde sich eine Ortsbesichtigung im Stammlager lohnen, da dieses vollständig erhalten sei. Im Falle des Lagers Birkenau sei der Zweck eines Ortstermins hingegen beschränkt und das IG Farben-Lager Buna/ Monowitz sei eingeebnet und komme deshalb nicht in Frage. Eine große Rolle bei der Befragung von Düx spielte die Erörterung der Sichtmöglichkeiten in den Hof zwischen Block 10 und 11 (Stammlager) aus den Blöcken 21, 27 und 28. Da der Zeuge Düx auf nicht wenige Fragen klare und befriedigende Antworten schuldig bleiben musste, ergab die Vernehmung auch, wie wichtig eine Einnahme des Augenscheins durch das Gericht am Tatort wäre.

Eine Klärung der noch offenen politischen und juristischen Fragen erlangte Vorsitzender Richter Hans Hofmeyer bei einer Besprechung im Bundesministerium der Justiz[37] am 21. Oktober 1964, an der abermals Vertreter des Auswärtigen Amtes, des Bundesinnenministeriums und des Bundeskanzleramtes teilnahmen.

Bei der nunmehr geklärten Sachlage beschlossen die Frankfurter Richter am 22. Oktober 1964[38], durch ein richterliches Mitglied des Schwurgerichts als beauftragten Richter eine »Augenscheinseinnahme« durchführen zu lassen. Eine zwischenstaatliche Vereinbarung erachtete das Gericht

(4 Js 1031/61), die Düx am 24.10.1962 (ebd., FAP-1/HA-75, Bl. 14.018–14.028) eröffnet hatte, in Augenschein.

[35] Beschluss über die Eröffnung der gerichtlichen Voruntersuchung, ebd., FAP-1/HA-53, Bl. 9.628–9.671 und Schließungsverfügung, ebd., FAP-1/ HA-74, Bl. 13.799–13.809.

[36] *Auschwitz-Prozess, DVD-ROM,* S. 21.842.

[37] BAK, Vermerk vom 27.10.1964, B 141/22762, Bl. 93–100.

[38] FBI, FAP-1/HA-103, Protokoll vom 22.10.1964, Bl. 827. Siehe auch Hessisches Ministerium der Justiz, Wiesbaden, Az.: III (IV–1076/59), Bd. IV, Bl. 255.

dabei als notwendige Voraussetzung für die Durchführung des Lokaltermins.

Da die Ortsbesichtigung nicht von dem gesamten Schwurgericht, sondern durch einen beauftragten Richter durchgeführt werden sollte, war die in Auschwitz vorzunehmende Beweiserhebung nicht Teil der Hauptverhandlung. Die Anwesenheit aller Prozessbeteiligten war (§§ 224, 225 StPO) nicht vorgeschrieben. Den Vertretern der Verteidigung und den auf freiem Fuß befindlichen Angeklagten war daher freigestellt, an der kommissarischen »Augenscheinseinnahme« teilzunehmen. Mit Schreiben vom 27. Oktober 1964[39] an den polnischen Justizminister ersuchte das Schwurgericht darum, dem beauftragten Richter eine Vornahme der Ortbesichtigung zu genehmigen.

Am 2. Dezember 1964 fand in Frankfurt am Main eine Besprechung statt, an der von Seiten der Regierung Polens die Beauftragten Jan Sehn und Eugeniusz (Dawid) Szmulewski, von Seiten des Gerichts Vorsitzender Richter Hofmeyer sowie je ein Mitarbeiter des Bundesjustiz- und Außenministeriums teilnahmen. Die Vertreter der polnischen Regierung[40] erklärten das Einverständnis des polnischen Justizministers mit den im Schreiben vom 27. Oktober 1964 vorgebrachten Wünschen des Gerichts. Mit einem vorbereiteten und

[39] FBI, FAP-1/HA-92, Bl. 18.150–18.153. Hofmeyers Schreiben ging einen komplizierten Weg. Das an das BJM gesandte Schreiben wurde dem AA zur Weiterleitung zugestellt, vom AA der deutschen Handelsvertretung in Warschau zugeleitet und sodann von einem Vertreter der deutschen Handelsvertretung am 26.11.1964 im polnischen Außenhandelsministerium überreicht. Das Außenhandelsministerium übergab endlich das Schreiben dem polnischen Justizministerium. Siehe das Fernschreiben Nr. 129 vom 26.11.1964 der deutschen Handelsvertretung (BAK, B 141/22762, Bl. 129) sowie Schnellbrief des AA vom 27.11.1964 an BJM (BAK, B 141/22762, Bl. 130). Am 24.11.1964 wurde das Bundeskabinett von dem bevorstehenden Ortstermin unterrichtet (BAK, B 141/22762, Bl. 122–126).

[40] FBI, FAP-1/HA-92, Bl. 18.275–18.276.

bereits vorliegenden Schreiben vom 2. Dezember 1964[41] gab der Justizminister Polens schließlich seine Einwilligung zur Vornahme der Ortsbesichtigung.

Die Teilnehmer[42] am Ortstermin flogen am 12./13. Dezember 1964 von Stuttgart über Wien nach Warschau, setzten die Reise per Bus nach Krakau fort und begannen am Morgen des 14. Dezember 1964 mit der Einnahme des Augenscheins, die zwei Tage darauf beendet wurde.[43]

Das am 7. Januar 1965 verlesene dreiundzwanzigseitige richterliche Protokoll[44] der »Augenscheinseinnahme«, dem in der Anlage 37 Fotos beigefügt sind, gibt Aufschluss über das Bemühen des beauftragten Richters Walter Hotz, die durch die Aussagen der Zeugen aufgekommenen Zweifelsfragen anhand einer genauen Besichtigung des Tatorts zu klären. Beobachtungsverhältnisse wurden überprüft, Sichtmöglichkeiten genauestens getestet, die Rampe in Birkenau und andere Örtlichkeiten minutiös vermessen, Baulichkeiten untersucht, die Erkennbarkeit von Personen durch Sehproben verifiziert, die Hörbarkeit von Stimmen in den Zellen von Block 11 (Stammlager) experimentell festgestellt. Mit dem »Zentimetermaß« hat das Gericht »das Ungeheuerliche«[45] zu messen versucht. Sachkundig gaben sowohl der Zeuge Kazimierz Smoleń, Auschwitz-Überlebender und Direktor des Staatlichen Museums Auschwitz-Birkenau, als

---

41 Ebd., Bl. 18.269–18.272.

42 Der beauftragte Richter (Hotz), drei Staatsanwälte (Großmann, Kügler, Wiese), drei Vertreter der Nebenkläger (Ormond, Raabe, Kaul), elf Verteidiger (Steinacker, Bürger, Eggert, Joschko, Gerhardt, Staiger, Reiners, Knögel, Naumann, Zarnack, Schallock), ein Angeklagter (Lucas), zwei Justizwachtmeister, ein Urkundsbeamter, ein Gerichtsfotograf, eine Dolmetscherin.

43 Siehe den Bericht des beauftragten Richters an den Bundesjustizminister, FBI, FAP-1/HA-92, Bl. 18.294–18.301.

44 Ebd., FAP-1/HA-106, Anlage 6 zum Protokoll vom 7.1.1965.

45 Amos Elon, *In einem heimgesuchten Land. Reise eines israelischen Journalisten in beide deutsche Staaten,* München: Kindler Verlag, 1966, S. 8.

auch der Angeklagte Franz Lucas[46], ehemals SS-Arzt und an Selektionen beteiligt, dem Gericht Auskunft.

Die beim Ortstermin gewonnenen Erkenntnisse bestätigten im Großen und Ganzen die Aussagen der Zeugen. Neben der Klärung von Fragen, die sich im Verlauf der Beweisaufnahme ergeben hatten, ist noch ein weiteres, für den Fortgang des Prozesses nicht unerhebliches Ergebnis hervorzuheben. Die Besichtigung des Tatortes Auschwitz, der Anblick der im Museum gezeigten Exponate, die Konfrontation mit den Resten des Vernichtungslagers Birkenau, hatten auf die Prozessbeteiligten, insbesondere auf die Verteidiger[47], eine nachhaltige Wirkung.

Der Ortstermin in Auschwitz war ein Novum in der bundesdeutschen Justizgeschichte. Mitten im Kalten Krieg reiste ein deutsches Gericht in einen dem Warschauer Pakt angehörenden Staat, um nationalsozialistische Gewaltverbrechen aufzuklären. Angesichts der Kooperationsbereitschaft Polens und einer den Prozess aufmerksam begleitenden kritischen Öffentlichkeit konnte Bonn nicht umhin, die ungewöhnliche Tatortbesichtigung zu ermöglichen.

Das Ergebnis der Reise nach Polen war nicht nur von prozessualer Bedeutung. Eine Schar von Journalisten aus aller Welt[48] begleiteten das Gericht an den Tatort. Die Presse-,

---

[46] Lucas wurde mit Urteil vom 19./20.8.1965 zu drei Jahren und drei Monaten Zuchthaus verurteilt. Der BGH hob den Richterspruch auf. Mit Urteil vom 8.10.1970 wurde Lucas in der Neuverhandlung freigesprochen (siehe Gross, Renz (Hrsg.), *Der Frankfurter Auschwitz-Prozess*, Bd. 2, S. 1.237–1.327 und S. 1.329–1.353.

[47] Siehe das Interview mit einem Verteidiger (»›In Auschwitz war alles anders…‹ Ein Gespräch mit Dr. Anton Reiners«, in: *Frankfurter Rundschau* vom 21. Dezember 1964).

[48] Inge Deutschkron, Prozessberichterstatterin und Teilnehmerin am Ortstermin, spricht von 200 Journalisten (Inge Deutschkron, *Unbequem… Mein Leben nach dem Überleben,* Köln: Verlag für Wissenschaft und Politik, 1992, S. 110).

Fernseh- und Hörfunkberichte über den Lokaltermin informierten die Weltöffentlichkeit über Auschwitz, über die Massenverbrechen. Mit der Durchführung der Augenscheinseinnahme stellte die Bundesrepublik letztendlich unter Beweis, dass die Erforschung der Wahrheit Vorrang hatte vor allen politischen Bedenken. Aus freien Stücken taten deutsche Politiker und Juristen diesen Schritt freilich nicht. Der Initiative des Nebenklägers Henry Ormond ist es zu verdanken, dass es in den sechziger Jahren zu dieser einzigartigen Exkursion hinter den Eisernen Vorhang kam. In dem sicheren Wissen, dass die Aussagen der Opferzeugen bestätigt werden, hatte Ormond die Besichtigung beantragt. Auch der Ort der Verbrechen, nicht nur die im Prozess geladenen 221 Überlebenden, zeugte gegen die Mörder.

AUSCHWITZ UND DIE DEUTSCHE STRAFJUSTIZ

Die deutsche Strafjustiz hat die SS-Männer und -Frauen (SS-Gefolge), die in Auschwitz Teil der Vernichtungsmaschinerie gewesen waren, weitgehend straffrei gelassen. Von den circa 8.200 SS-Männern und rund 200 Aufseherinnen, die in Auschwitz und seinen 40 Nebenlagern in der Zeit von Mai 1940 bis Januar 1945 Dienst verrichteten, lebten nach dem Ende des Zweiten Weltkriegs noch schätzungsweise 6.500 SS-Leute. Annähernd 800 von ihnen wurden von ausländischen, meist polnischen Gerichten zur Verantwortung gezogen. Neben vergleichsweise wenigen Todesstrafen verhängten die Gerichte zeitige, oftmals milde Freiheitsstrafen.[1]

In der Bundesrepublik wurden nur 43 Angehörige des SS-Personals von Auschwitz vor Gericht gestellt. Neun erhielten wegen Mordes lebenslanges Zuchthaus, 20 zeitige Freiheitsstrafen, zehn wurden freigesprochen. Vier Verfahren stellten die Gerichte wegen Todes oder wegen Verhandlungsunfähigkeit der Angeklagten ein.

In der DDR standen zwölf Auschwitzer SS-Männer vor Gericht.[2] Einer, der SS-Arzt Horst Fischer, der im I.G. Farbe-

---

[1] Siehe Alexander Lasik, »Die Verfolgung, Verurteilung und Bestrafung der Mitglieder der SS-Truppe des KL Auschwitz. Verfahren. Fragen zu Schuld und Verantwortung«, in: *Hefte von Auschwitz*, H. 21 (2000), S. 227.

[2] Im Rahmen eines Forschungsprojekts hat das Institut für Zeitgeschichte (IfZ) die Akten von NSG-Verfahren der west- und ostdeutschen Justizbehörden inventarisiert und teilverfilmt. Die oben genannten Zahlenangaben basieren auf dem datenbankgestützten Projekt des IfZ. Der Autor dankt Dr. Andreas Eichmüller (München).

neigenen Konzentrationslager Buna/Monowitz an Selektionen im Häftlingskrankenbau beteiligt gewesen war und auch auf der Rampe selektiert hatte, wurde 1966 vom Obersten Gerichtshof der DDR zum Tode verurteilt und in der Folge hingerichtet.[3]

Der Frankfurter Auschwitz-Prozess war der einzige Versuch der deutschen Strafjustiz, im Rahmen eines Komplexverfahrens die in Auschwitz verübten Massenverbrechen aufzuklären. Ursprünglich sollten 23 SS-Angehörige und ein Funktionshäftling, der sich als Handlanger der SS schuldig gemacht hatte, vor Gericht gestellt werden. Vor Beginn der Hauptverhandlung schied jedoch der letzte Kommandant von Auschwitz, Richard Baer, wegen Todes, und eine vergleichsweise niedere Charge, der Sanitätsdienstgrad Hans Nierzwicki, wegen Krankheit aus. Im Verlauf des Prozesses kam es zu zwei weiteren Verfahrensabtrennungen. Die Angeklagten Heinrich Bischoff und Gerhard Neubert erkrankten und waren verhandlungsunfähig.[4]

Worüber hat das Frankfurter Gericht verhandelt?

Zu unterscheiden waren Tötungen, die Angeklagte eigenmächtig, aus freien Stücken, mithin befehlslos, begangen hatten, von Tötungen, meist Massentötungen, die im

---

[3] Siehe Christian Dirks, *Die Verbrechen der Anderen. Auschwitz und der Auschwitz-Prozeß der DDR: Das Verfahren gegen den KZ-Arzt Dr. Horst Fischer*, Paderborn: Schöningh Verlag, 2006.

[4] Neubert wurde im 2. Frankfurter Auschwitz-Prozess (1965/1966) zur Verantwortung gezogen und wegen gemeinschaftlicher Beihilfe zum gemeinschaftlichen Mord in 35 Fällen zu dreieinhalb Jahren Zuchthaus verurteilt. Siehe *Justiz und NS-Verbrechen. Sammlung deutscher Strafurteile wegen nationalsozialistischer Tötungsverbrechen 1945–1966*, hrsg. von C. F. Rüter u.a., Amsterdam: K. G. Saur Verlag, 1998, Bd. XXV, S. 595.

Rahmen des von der deutschen Staatsführung befohlenen Vernichtungsprogramms verübt worden waren.

Zu den eigenmächtigen Tötungen sind zum Beispiel die Taten der Angeklagten Boger, Klehr und Kaduk zu zählen. Wilhelm Boger, folterte ohne höheren Befehl Häftlinge bei Verhören auf seiner »Boger-Schaukel« zu Tode. Josef Klehr sortierte erkrankte Häftlinge im sogenannten Häftlingskrankenbau des Stammlagers (Auschwitz I) eigeninitiativ aus und »spritzte« sie »ab«. Den Kranken injizierte er die Flüssigkeit Phenol, die er literweise von der SS-Apotheke bezog, direkt ins Herz. Der sofortige Tod der Häftlinge war die Folge. Oswald Kaduk tötete Häftlinge in Auschwitz I nach Gutdünken und aus reiner Willkür. Er prügelte Lagerinsassen zu Tode, legte auf dem Boden liegenden Häftlingen einen dicken Stab über den Hals, stellte sich auf beide Enden und wippte solange hin und her, bis der gemarterte Mensch tot war.

Die geschilderten Taten waren zweifelsfrei Mord. Die Angeklagten hatten Menschen aus Mordlust oder sonstigen niedrigen Beweggründen und meist auch auf grausame Art und Weise getötet. Sie waren als Mörder zu qualifizieren und wurden zu lebenslangem Zuchthaus verurteilt. Die eigenmächtigen Tötungen einzelner Häftlinge durch sogenannte Exzesstäter stellten für das Schwurgericht, sofern die Beweise zweifelsfrei und die Fälle eindeutig waren, kein strafrechtliches Problem dar.

Anders verhielt es sich bei Angeklagten, denen eine Mitwirkung an befohlenen Massenverbrechen zur Last gelegt wurde. Handelte ein Angeklagter auf Befehl, dann waren durch das Gericht bestimmte Fragen zu klären.

1. Befand sich der Befehlsausführende in einem unvermeidbaren Verbotsirrtum? Glaubte er, ohne die Einsicht zur Korrektur seines Irrtums haben zu können, der von der Staatsführung erteilte Vernichtungsbefehl sei rechtmäßig? Anders gesagt: War der untergebene SS-Mann in Auschwitz

der irrigen Überzeugung, § 211 Strafgesetzbuch sei im Falle der als »Staatsfeinde« und »Untermenschen« deklarierten Juden suspendiert? Die Tötung von Juden sei rechtens, das Tötungsverbot gelte nicht?

2. Befand sich der Befehlsempfänger in einer Notstandssituation? Führte er den rechtswidrigen Befehl nur aus, weil er bei Nichtbefolgung eine gegenwärtige Gefahr für Leib und Leben sah?

3. Wollte der Angeklagte die befohlene Tat nur als eine fremde Tat fördern und unterstützen oder machte er sich die angeordnete Tat zu eigen und handelte demnach mit Täterwillen?

4. Erkannte der Angeklagte als Untergebener den Befehl seines Vorgesetzten als eine Handlung, die ein allgemeines oder militärisches Verbrechen bezweckte?

5. Hatte er dieses Wissen um den verbrecherischen Zweck des Befehls, war er ebenso wie der Befehlsgeber schuldig. Den Befehlsbefolger traf nach § 47 Militärstrafgesetzbuch aber die Strafe des Teilnehmers, nicht des Mittäters. War seine Schuld gering, konnte von Bestrafung abgesehen werden.

Was bedeutete im Frankfurter Auschwitz-Prozess »Mitwirkung« oder »Beteiligung« an Massenverbrechen?

Die Adjutanten Robert Mulka und Karl Höcker – Mulka war der Adjutant von Lagerkommandant Rudolf Höß, Höcker von Lagerkommandant Richard Baer gewesen – hatten durch ihren Beitrag bei der Errichtung der Vernichtungsstätten (Mulka), durch die Genehmigung von LKW-Fahrten zur Abholung des Mordmittels Zyklon B (Mulka), durch die Weitergabe von Befehlen bei der Ankunft von Todeszügen mit Juden aus ganz Europa (Mulka und Höcker) und durch ihre Anwesenheit bei Selektionen auf der Rampe (Mulka) an den Massentötungen – an der

»Verwirklichung des nationalsozialistischen Vernichtungsprogramms«[5] – mitgewirkt.

Der SS-Arzt Franz Lucas, die SS-Zahnärzte Willy Frank und Willi Schatz sowie der SS-Apotheker Victor Capesius hatten als sogenannte SS-Führer, als höhere Chargen, Mitte 1944 auf der »Neuen Rampe« in Birkenau (seit Mai 1944 »in Betrieb«), Selektionen durchgeführt beziehungsweise das Einwerfen von Zyklon B beaufsichtigt.

Was bedeutete Teilnahme an Selektionen?

Im Frühsommer 1944, kurz bevor das von Reichsführer SS Heinrich Himmler nach Budapest beorderte »Sondereinsatzkommando Eichmann« die Deportation von 437.000 Juden aus Ungarn nach Auschwitz organisierte, hatte der Chef aller SS-Ärzte von Auschwitz, SS-Standortarzt Eduard Wirths, auf einer Dienstbesprechung verfügt, dass alle SS-Ärzte, auch die SS-Zahnärzte und -Apotheker nach Dienstplan »Rampen- und Gaskammerdienst« zu verrichten hatten. Rampendienst für SS-Führer, insbesondere für die Ärzte, bedeutete, die angekommenen Juden einzuteilen in die Gruppe der Menschen, die direkt ins Gas gingen und in die Gruppe derjenigen, die zur Vernichtung durch Arbeit ins Lager kamen. SS-Ärzte waren die entscheidenden Funktionsträger in den sogenannten Selektionskommissionen, die auf der Rampe den in zwei Kolonnen aufgeteilten, jeweils in Fünferreihen formierten Juden entgegen traten. In der einen Kolonne

---

[5] Siehe Anklageschrift vom 16.4.1963 und Eröffnungsbeschluss vom 7.10.1963, in: Raphael Gross, Werner Renz (Hrsg.), *Der Frankfurter Auschwitz-Prozess (1963–1965). Kommentierte Quellenedition*, mit Abhandlungen von Sybille Steinbacher und Devin O. Pendas, mit historischen Anmerkungen von Werner Renz und juristischen Erläuterungen von Johannes Schmidt, Frankfurt am Main, New York: Campus Verlag, 2013, Bd. 1, S. 117 f. und S. 544 f.

waren Alte und Frauen mit Kindern, in der anderen »arbeitsfähige« Männer und männliche Jugendliche.

Meist standen im Sommer 1944 bei einer Transportankunft 3.000 arglose, vollkommen desorientierte Juden vor der Selektionskommission. Routiniert und in wenigen Augenblicken entschieden die SS-Führer über Leben und Tod. In der Regel wurden von einem Transport zwei Drittel der Deportierten für die Gaskammer ausgewählt. Nicht selten war der Prozentsatz höher. Die SS-Ärzte selektierten die Opfer nicht nur, sie begleiteten sie auch zu den Krematorien und beaufsichtigten ihre Vergasung. Sie gaben den Befehl zum Einwurf des Giftgases Zyklon B und zur Öffnung der Gaskammern und waren auch oft anwesend, wenn den Opfern die Goldzähne aus den Kiefern gebrochen wurden.

Das Gericht hatte, so die herrschende Rechtsprechung, festzustellen, ob einer der Angeklagten sich aktiv an der »Abwicklung« von Transporten beteiligt hatte. Nach Auffassung der Richter musste den Angeklagten ein konkreter Tatbeitrag nachgewiesen werden. Die auch von SS-Zeugen bekundete Tatsache, dass das medizinische Personal im Sommer 1944 nach Dienstplan auf der Rampe tätig gewesen war, genügte nicht. Den Angeklagten war, bezeugt von Überlebenden, die direkte und bewusste Beteiligung an den Entscheidungen über Leben und Tod zu beweisen.

In den Fällen Capesius, Lucas und Frank gelangte das Gericht zu der Auffassung, dass sie nachgewiesenermaßen auf der Rampe selektiert hatten. Im Fall des Angeklagten Schatz sah es jedoch keinen Beweis der konkreten Mitwirkung erbracht. Es sprach ihn deshalb frei.

Die nach Dienstplan durchgeführten Selektionen bewertete das Gericht in den Fällen Capesius, Lucas und Frank als Beihilfehandlungen. Die Richter waren der Auffassung, die »Selekteure« hätten sich die Tat der Haupttäter Hitler, Himmler u.a. nicht zu eigen gemacht, sie hätten also zu einer fremden Tat nur »durch Rat und Tat wissentlich Hilfe geleistet« (§ 49 StGB).

Durchweg sahen die Gerichte bei Gehilfen von der Höchststrafe ab und verhängten zeitige Zuchthausstrafen:

14 Jahre Zuchthaus erhielt Mulka für seine »gemeinschaftliche Beihilfe zum gemeinschaftlichen Mord« in mindestens vier Fällen an mindestens jeweils 750 Menschen (3.000 Opfern), neun Jahre Capesius für seine Mordbeihilfe in mindestens vier Fällen an mindestens jeweils 2.000 Menschen (8.000 Opfern), Frank und Höcker jeweils sieben Jahre für ihre Mordbeihilfe in mindestens sechs Fällen an mindestens jeweils 1.000 Menschen (6.000 Opfern) beziehungsweise in mindestens drei Fällen an mindestens jeweils 1.000 Menschen (3.000 Opfern). Lucas, der sich Häftlingen gegenüber nach dem Zeugnis der Überlebenden »anständig«[6] verhalten hatte und der auch den Versuch unternahm, von Auschwitz wegzukommen, erhielt die mildeste Strafe: Für seine gemeinschaftliche Beihilfe zum gemeinschaftlichen Mord in mindestens vier Fällen an mindestens je 1.000 Menschen (4.000 Opfern) erkannte das Gericht auf dreieinviertel Jahre Zuchthaus.

Das Frankfurter Urteil vom 19./20. August 1965 wurde im Revisionsverfahren bis auf einen Fall bestätigt. Durch Urteil vom 20. Februar 1969[7] verwies der Bundesgerichtshof den Fall Lucas an das Frankfurter Landgericht zur Neuverhandlung zurück. Im Oktober 1970 wurde Lucas freigesprochen.[8]

Als der Fall Lucas vor dem Landgericht Frankfurt am Main neu verhandelt wurde, waren alle zu zeitigen Zuchthausstrafen verurteilten Angeklagten bereits aus der Untersuchungs- bzw. aus der Strafhaft entlassen worden. Nur noch die zu lebenslangem Zuchthaus verurteilten Angeklagten Stefan

6 Ebd., Bd. 2, S. 909 f.

7 Ebd., S. 1.285–1.290.

8 Ebd., S. 1.329–1.353.

Baretzki, Emil Bednarek, Wilhelm Boger, Franz Hofmann, Oswald Kaduk und Josef Klehr saßen ein. Baretzki beging 1988 Selbstmord, Bednarek wurde im Rahmen eines Gnadenverfahrens 1975 entlassen, Hofmann und Boger verstarben 1973 beziehungsweise 1977 in Strafhaft, Klehr wurde 1988, Kaduk 1990 entlassen. Rund 30 Jahre hatten sie in Haft gesessen, während die Gehilfen des Massenmords, oftmals ihre Vorgesetzten, mit geringen Strafen davon gekommen waren.

Auswirkungen auf die Rechtspraxis in NSG-Verfahren

Das Urteil in der »Strafsache gegen Mulka u.a.« hat auf die Rechtspraxis in NSG-Verfahren nicht geringe Auswirkungen gehabt. Das Frankfurter Urteil hatte zum einen die Folge, dass die milden Schuld- und Strafaussprüche gegen Beteiligte am Massenmord nachfolgend zu vielen Verfahrenseinstellungen im Fall von niedrigen Chargen führten. Zum anderen die Folge, dass das »Erfordernis der konkreten Einzeltat«[9] zur Grundlage der Verfahren gegen Personal der Vernichtungslager wurde.

Zu Folge 1 ein Beispiel: Im Antrag der Frankfurter Staatsanwaltschaft vom 30. August 1970 auf Einstellung des Verfahrens gegen 14 LKW-Fahrer, die Juden von der Rampe zu den Gaskammern transportiert hatten, heißt es, das Auschwitz-Urteil habe »Maßstäbe gesetzt«.[10]

---

[9] Siehe Cornelius Nestler, »Ein Mythos – das Erfordernis der ›konkreten Einzeltat‹ bei der Verfolgung von NS-Verbrechen. Zu den aktuellen Strafverfahren wegen Beteiligung an NS-Verbrechen«, in: *Kriminologie – Jugendkriminalrecht – Strafvollzug. Gedächtnisschrift für Michael Walter*, hrsg. von Frank Neubacher und Michael Kubink, Berlin: Duncker und Humblot, 2014, S. 759–772.

[10] Antrag der StA b. LG Frankfurt am Main vom 30.8.1970, 4 Ks 3/63 (2. Auschwitz-Prozess), Fritz Bauer Institut (FBI), Sammlung Frankfurter Auschwitz-Prozess (FAP), Hauptakten (HA), FAP-2/HA-116, Bl. 21.646.

Als Exempel angeführt werden die Urteile gegen den SS-Arzt Willy Frank und gegen den Angehörigen der Politischen Abteilung Klaus Dylewski. Beide Angeklagten hatten auf der Rampe unmittelbar an Selektionen mitgewirkt, persönlich über Leben und Tod der angekommenen Juden entschieden. Frank war, wie die Staatsanwaltschaft in ihrem Antrag hervorhebt, »wegen der Auswahl von mindestens 1.000 Personen für den Gastod« zu einer »Einzelstrafe von 5 Jahren Zuchthaus«, Dylewski »wegen seiner unmittelbaren Teilnahme an […] Selektionen« zu einer »Strafe von 3 Jahren 6 Monaten Zuchthaus«[11] verurteilt worden.

Im Falle der Angehörigen der Fahrbereitschaft, die nachweislich und zum Teil eingestandenermaßen Deportierte von der Rampe zu den Gaskammern beziehungsweise Zyklon B mit Sanitätskraftwagen zu den Krematorien gefahren hatten, war die Staatsanwaltschaft der Auffassung, ihr Tatbeitrag und ihre Schuld seien im Vergleich mit den selektierenden SS-Führern auf der Rampe gering, von Strafe könne gemäß § 47 Abs. II MStGB abgesehen werden. Im Antrag heißt es mit Blick auf das Auschwitz-Urteil: »Die Schuld der Mitglieder der Fahrbereitschaft dürfen [sic!] an diesen Schuldsprüchen gemessen werden.«[12]

Zu Folge 2: Wie steht es um das Erfordernis der konkreten Einzeltat bei Angeklagten, die in Vernichtungslagern tätig gewesen waren? Beruhte die durch das Auschwitz-Urteil

---

[11] Ebd. – Die Gesamtzuchthausstrafe belief sich bei Frank wegen gemeinschaftlicher Beihilfe zum gemeinschaftlichen Mord in mindestens sechs Fällen an mindestens je 1.000 Menschen auf sieben, bei Dylewski wegen gemeinschaftlicher Beihilfe zum gemeinschaftlichen Mord in mindestens 32 Fällen, davon in zwei Fällen an mindestens je 750 Menschen, auf fünf Jahre Zuchthaus. Siehe Gross, Renz (Hrsg.), *Der Frankfurter Auschwitz-Prozess*, Bd. 2, S. 589 (Dylewski) und S. 590 (Frank).

[12] Antrag der StA b. LG Frankfurt am Main vom 30.8.1970, FAP-2/HA-116, Bl. 21.646.

bewirkte Rechtspraxis auf einer in den 1960er Jahren geltenden Rechtsauffassung in Prozessen gegen Vernichtungslagerpersonal?

Der Initiator des Frankfurter Auschwitz-Prozesses, Fritz Bauer, war der Auffassung, dass die »Sach- und Rechtslage« in den Prozessen gegen nationalsozialistische Verbrecher »ungewöhnlich einfach« sei.[13] Historische Gutachten steckten den geschichtlichen Rahmen ab, in dem die Angeklagten gehandelt hatten. Das Gesamtgeschehen, die Judenvernichtung, war durch die Expertisen der Sachverständigen verhandelbarer Prozessstoff. Urkunden, nicht Zeugen, bewiesen Präsenz und Tatbeteiligung der Angeklagten in den Vernichtungszentren.[14] Einer weiteren Wahrheitserforschung bedurfte es nach Bauers Ansicht nicht. Die Angeklagten waren als Mittäter an der Massenvernichtung abzuurteilen. Auf der »4. Arbeitstagung der Leiter der Sonderkommissionen zur Bearbeitung von NS-Gewaltverbrechen« führte Hessens oberster Ankläger wenige Wochen vor Prozessbeginn aus, das Auschwitz-Verfahren »könne [...] in drei bis vier Tagen erledigt sein«. Seine die Tagungsteilnehmer gewiss überraschende Ansicht begründete Bauer folgendermaßen: »Es gab die Wannseekonferenz mit dem Beschluß zur Endlösung der Judenfrage. Sämtliche Juden [...] sollten vernichtet werden. Dazu gehörte eine gewisse Maschinerie. Alle, die an dieser Vernichtung bezw. bei der Bedienung der Vernichtungsmaschine mehr oder minder beteiligt waren, werden daher angeklagt wegen Mitwirkung an der ›Endlösung der Judenfrage‹.«[15]

---

[13] Fritz Bauer, *Die Humanität der Rechtsordnung. Ausgewählte Schriften*, hrsg. von Joachim Perels und Irmtrud Wojak, Frankfurt am Main, New York: Campus Verlag, 1998, S. 83.

[14] Ebd., S. 108.

[15] Protokoll der »4. Arbeitstagung der Leiter der Sonderkommissionen zur Bearbeitung von NS-Gewaltverbrechen« vom 21.10.1963, Protokoll, S. 22 f. (Hess. Hauptstaatsarchiv/Wiesbaden, Abt. 503, Nr. 1161).

Die Massenvernichtung in Auschwitz war Bauer zufolge als eine Tat im Rechtssinne zu betrachten. Seine Auffassung lässt sich wie folgt reformulieren: Wer kausal an dem Gesamtverbrechen im Wissen um den Zweck der Mordfabrik Auschwitz beteiligt war, lässt sich ohne weitere Zurechnung von individuellen Tatbeiträgen als Mittäter bzw. Beihelfer qualifizieren. Oder: Wer in Auschwitz eine Funktionsstellung im Vernichtungsapparat innehatte, wirkte im Konsens mit der verbrecherischen Staatsführung mit an einer Tat, nämlich an der Tötung derjenigen Menschen, die in der Dienstzeit des jeweiligen Mittäters in Auschwitz umgebracht worden waren. Der Nachweis einer konkreten Beteiligung an einer Tötungshandlung ist nicht erforderlich.

In der Strafsache gegen Mulka u.a. machte die Staatsanwaltschaft – wohl auf Anregung Bauers – den Versuch, diese Rechtsauffassung zum Tragen zu bringen. Am Tag der Schließung der Beweisaufnahme (6. Mai 1965, 154. Verhandlungstag) beantragte die Strafverfolgungsbehörde – sehr zum Unwillen des Gerichts übrigens – das Schwurgericht möge gemäß § 265 StPO »die Angeklagten darauf hinweisen, dass in ihrer Anwesenheit in Auschwitz eine natürliche Handlungseinheit gemäß § 73 StGB gesehen werden kann, die sich rechtlich, je nach den subjektiven Voraussetzungen im Einzelfall, als psychische Beihilfe oder Mittäterschaft zu einem einheitlichen Vernichtungsprogramm qualifiziert«.[16] Diese rechtliche Wertung der Beteiligung am Massenmord legten

[16] FBI, FAP-1/HA-111, Anlage 1 zum Protokoll vom 6.5.1965, siehe ebenso Protokoll, Bl. 1452. Siehe auch den Antrag vom 3.5.1965 der StA bezüglich der Rechtsbelehrung der Angeklagten. Laut Sitzungsprotokoll vom 3.5.1965 beantragte die StA, »die Angeklagten gemäß § 265 StPO darauf hinzuweisen, dass nicht nur § 74 StGB, sondern auch § 73 StGB bei der Urteilsfindung mit herangezogen werden kann« (ebd., Bl. 1445). Die nachfolgend genannten Paragrafen des StGB sind heute unter anderen Paragrafenzahlen im StGB aufgeführt: § 43, neu § 22; § 47, neu § 25 Abs. 2; § 49, neu § 27; § 73, neu § 52; § 74, neu § 53 StGB.

die Anklagevertreter in ihren Schlussvorträgen dar. Einen Tag nach dem Antrag vom 6. Mai 1965 hob Oberstaatsanwalt Hanns Großmann bei der Erörterung des Persönlichkeitsbildes der Angeklagten deren gewollte und bewusste Bindung an den Nationalsozialismus und die SS hervor und führte aus: »Die Angeklagten arbeiteten auf der Grundlage ihrer Anwesenheit in Auschwitz und ihrer erkannten und ernstlich unwidersprochen gebliebenen Einschaltung in das dortige Geschehen, wenn auch bei unterschiedlicher Bedeutung und Intensität ihres Einsatzes, sämtlich am Fließband der Todesmaschinerie Auschwitz. Das durch die Dauer der Anwesenheit umgrenzte Gesamtverhalten der Angeklagten in Auschwitz ist bereits insoweit als psychische Mittäterschaft bzw. Beihilfe zum Mord zu werten; es bildet eine natürliche Handlungseinheit (§ 73 StGB).«[17] Auch Staatsanwalt Georg Friedrich Vogel unterstrich in seinen Ausführungen zum Angeklagten Hans Stark, »bei der strafrechtlichen Subsumtion« seien Starks Teilnahme an Selektionen und Vergasungen »wie überhaupt <u>alle</u> Tötungs- und Vernichtungsaktionen in Auschwitz als <u>ein</u> einheitlicher Tatvorgang im Sinne einer natürlichen Handlungseinheit zu bewerten, nämlich als die schubweise Verwirklichung eines einheitlichen Vernichtungsprogramms«.[18]

---

[17] Oberstaatsanwalt Großmann, Plädoyer vom 7.5.1965, in: *Der Auschwitz-Prozeß. Tonbandmitschnitte, Protokolle und Dokumente, DVD-ROM,* hrsg. vom Fritz Bauer Institut und dem Staatlichen Museum Auschwitz-Birkenau, Berlin: Directmedia(Digitale Bibliothek, Bd. 101), 2005, 2., durchges. u. verb. Aufl., S. 32.853. In einem Entwurf des Plädoyers heißt es: »Das durch die Dauer der Anwesenheit umgrenzte Gesamtverhalten der Angeklagten in Auschwitz bildet dabei in rechtlicher Konsequenz aus der Perspektive der dieses Gesamtgeschehen umfassenden psychischen Mittäterschaft oder Beihilfe eine natürliche Handlungseinheit.« Oberstaatsanwalt Großmann, Plädoyer, S. 14, FBI, FAP-1/StA-1.

[18] StA Vogel, Plädoyer zu Stark, 7. und 10.5.1965, in: *Auschwitz-Prozeß, DVD-ROM,* S. 33.051. Die »Vorgänge in Auschwitz« waren ein »ununterbrochenes, planvolles Morden, das [...] ohne Unterlass seinen Lauf nahm«

Unter Zugrundelegung dieser Rechtsauffassung bestimmte sich der Umfang der Tat eines einzelnen Angeklagten nicht allein nach den auf der Basis von beweiskräftigen Zeugenaussagen getroffenen tatsächlichen Feststellungen über die konkrete Mitwirkung bei der Tötung der Deportierten eines einzelnen Transports. Gaben die Kenntnis des Gesamtgeschehens und das Wissen um die Funktion eines Angeklagten in der Todesfabrik klaren Aufschluss über die Art und Weise seiner funktionellen Mitwirkung und die Häufigkeit seiner Beteiligung[19] – dann war ein Angeklagter nach Maßgabe der in seiner Dienstzeit nachgewiesenen Taten zu verurteilen. Anders als Bauer in den zitierten Äußerungen ließen die Anklagevertreter die Frage, ob Mittäter- und Gehilfenschaft vorliege, jedoch offen.

Die Rechtsauffassung des Gerichts und des BGH

Das Schwurgericht und im Revisionsverfahren der Bundesgerichtshof haben die Rechtsauffassung Bauers verworfen. Die Tatrichter betrachteten die Abwicklung eines Transports, jede einzelne Vernichtungsaktion, als eine Handlung im Sinne einer gleichartigen Tateinheit. Jede Rampenselektion war nach ihrer Rechtsansicht eine selbständige Handlung, zu der sich die Beteiligten jeweils willentlich entschließen

---

(StA Vogel, Plädoyer zu Hofmann, 14.5.1965, in: *Auschwitz-Prozeß, DVD-ROM*, S. 33.297).

[19] Johann Paul Kremer, von Ende August 1942 bis Mitte November 1942 in Auschwitz als Lagerarzt tätig, hat in den zehn Wochen seiner Anwesenheit in Auschwitz nach eigenen Angaben (siehe sein Tagebuch, in: *KL Auschwitz in den Augen der SS. Höss-Broad-Kremer*, Oświęcim: Verlag des Staatlichen Museum Auschwitz-Birkenau, 1973, S. 215, 217–219, 221–227, 232 und die richterliche Vernehmung vom 7.2.1962, FBI, FAP-1/HA-61, Bl. 11.441–11.446) an 14 »Sonderaktionen«, d.h. Selektionen auf der Rampe, teilgenommen. In den Monaten September bis November 1942 kamen mindestens 70 RSHA-Transporte in Auschwitz an. Kremers Angaben zeigen, wie häufig SS-Ärzte Rampendienst hatten.

mussten. Abzuurteilen war ein Angeklagter überdies nur, wenn ihm ein konkreter Tatbeitrag zweifelsfrei nachzuweisen war.

Die Rechtsauffassung des Frankfurter Gerichts hatte zum Ergebnis, dass der vormalige SS-Zahnarzt Frank verurteilt, sein Kollege Schatz aber freigesprochen wurde. Zweifelsfrei war, dass beide nach Dienstplan auf der Rampe gewesen waren. Beide gaben ihre Einteilung zum Rampendienst und ihre Anwesenheit auf der Rampe auch zu, bestritten jedoch jede konkrete Beteiligung an der Entscheidung über Leben und Tod. Frank wollte nur untätiger »Ersatzmann«[20] gewesen sein. Seine Verurteilung beruhte allein auf der Aussage des Zeugen Alex Rosenstock, der ihn gut gekannt und der mindestens bei sechs Transportankünften gesehen hatte, wie er auf der Rampe vor den in Fünferreihen angetretenen Menschen die typischen Handbewegungen des Selektierens gemacht hatte.[21]

Der Fall Schatz stellte sich dem Gericht anders dar. Schatz, von Anfang bis Herbst 1944 2. Lagerzahnarzt, musste im Sommer 1944 bei der Ankunft der Todeszüge aus Ungarn gleichfalls auf der Rampe Dienst verrichten. Wie Frank hob Schatz hervor, nur ersatzweise als »Hilfsselekteur«[22] dabei gewesen zu sein. Schatz' Einlassung, sich immer vom Selektionsdienst gedrückt und allein von den Deportierten mitgebrachtes ärztliches Material sicher gestellt zu haben, konnte ihm nach Auffassung des Gerichts mit letzter Sicherheit nicht widerlegt werden. Einen zuverlässigen Zeugen, der Schatz auf der Rampe hatte selektieren sehen, gab es nicht.[23] Der

---

[20] So Franks Einlassung, wiedergegeben bereits in der Anklageschrift und sodann im Urteil, siehe Gross, Renz (Hrsg.), *Der Auschwitz-Prozess*, Bd. 1, S. 465 und Bd. 2, S. 920.

[21] Siehe die Vernehmung Rosenstocks am 2.10.1964 (96. Verhandlungstag), in: *Auschwitz-Prozeß, DVD-ROM*, S. 20.175–20.232.

[22] Siehe Gross, Renz (Hrsg.), *Der Auschwitz-Prozess*, Bd. 2, S. 1.098.

[23] Ebd., S. 1.099 f.

Zeuge Rosenstock, der für das Gericht glaubhaft bekundet hatte, Frank beim Selektieren gesehen zu haben, konnte im Fall Schatz nur dessen bloße Anwesenheit auf der Rampe bezeugen.[24] Aus der zweifelsfrei feststehenden Präsenz von Schatz auf der Rampe glaubte das Gericht nicht den sicheren Schluss ziehen zu können, er habe sich auch an Selektionen beteiligt.

Die Rechtsfrage, ob Anwesenheit auf der Rampe bzw. Zugehörigkeit zur aus SS-Führern bestehenden Selektionskommission als Förderung der Haupttat, der Vernichtungsaktionen zu bewerten sei, ließ das Frankfurter Gericht offen. Unzweifelhaft stand für die Tatrichter jedoch fest, dass Schatz kein Bewusstsein davon gehabt habe, durch seine Anwesenheit auf der Rampe einen kausalen Tatbeitrag zum Mordgeschehen zu leisten. Das Gericht gelangte zu der Bewertung, dass Schatz, von seinen SS-Kollegen nicht für »voll« genommen, im Bewusstsein der eigenen Bedeutungslosigkeit, somit ohne Gehilfenvorsatz, agiert habe.[25]

Rampendienst eines SS-Führers im Sommer 1944, als innerhalb von sieben Wochen 437.000 Juden mit 147 Todeszügen, im Schnitt drei Züge pro Tag mit jeweils 3.000 Deportierten, von der Reichsbahn nach Auschwitz transportiert wurden, hieß Mitwirkung an einem durchgehenden und bestimmten Tatplan der andauernden Massenvernichtung. Schatz wusste, dass die Juden aus Ungarn zur Vernichtung nach Auschwitz verbracht wurden, er wusste, zu welchem Zweck SS-Ärzte zum Rampendienst eingeteilt waren.

Von der Rampe weg gab es nur zwei Wege, über die die SS-Führer entschieden: den Weg ins Gas oder den Weg zur Vernichtung durch Arbeit ins Lager. Alle rampendienstleistenden SS-Führer wirkten deshalb in funktioneller Weise mit an dem tagtäglich durchgeführten, wohl organisierten

---

24 Ebd.

25 Ebd., S. 1.100 und S. 1.102.

Mordprogramm. Des Nachweises einer konkreten Beteiligung an Tötungshandlungen bedurfte es meines Erachtens nicht. Die Zugehörigkeit zur Selektionskommission auf der Rampe, die bei einer Transportankunft aus wenigen SS-Führern bestand und deren einzige Funktion es war, über Leben und Tod zu entscheiden, ist als Förderung der Vernichtung und damit zumindest als Beihilfe zum Mord zu bewerten.

Man vergegenwärtige sich: 3.000 Juden pro Zug stellten sich im Sommer 1944 in zwei Kolonnen, Männer auf der einen, Frauen und Kinder auf der anderen Seite, in Fünferreihen auf, im Schnitt 300 Fünferreihen auf der einen, 300 Fünferreihen auf der anderen Seite. Die Selektion funktionierte arbeitsteilig. Jedem SS-Führer kamen im Verlauf einer Transportabwicklung wechselnde Aufgaben zu.

Kritik

Die Feststellung der Frankfurter Tatrichter, dem Angeklagten habe die Einlassung nicht widerlegt werden können, sich unbeteiligt herumgedrückt zu haben und nur untätig hin und her gelaufen[26] zu sein, ist wenig überzeugend. Angesichts der Anzahl der Transporte in einem kurzen Zeitraum und der Knappheit an medizinischem Personal, das neben dem Rampendienst sowohl in den Lagerabschnitten als auch im SS-Revier Dienst zu verrichten hatte, liegt der Schluss nahe, dass es auf die Mitwirkung eines jeden SS-Führers ankam.

Es ist darauf hingewiesen worden, dass in Verfahren gegen Personal der Vernichtungslager der »Aktion Reinhardt«[27] und des Gaswagenlagers Kulmhof/Chełmno die Schwurgerichte

---

[26] Ebd., S. 1.101.

[27] Siehe hierzu die Studie von Sara Berger, *Experten der Vernichtung. Das T4-Reinhardt-Netzwerk in den Lagern Belzec, Sobibor und Treblinka*, Hamburg: Hamburger Edition, 2013.

der Auffassung waren, das Vernichtungsgeschehen in einem Lager als eine Tat zu betrachten.[28]

Der Bundesgerichtshof hat die Urteile bestätigt. Allein durch ihre Zugehörigkeit zu dem »Sonderkommando« eines Todeslagers hatten die Angeklagten bei den Massentötungen Hilfe geleistet.[29] Mordgehilfe war auch, wer nicht in direktem Kontakt mit den Opfern stand. Dieser vom BGH bestätigten Rechtsansicht folgten das Frankfurter Schwurgericht und das Revisionsgericht nicht. Auschwitz betrachteten sie nicht als »reines« Vernichtungslager, das Geschehen auf der Rampe von Birkenau im Sommer 1944 war ihnen kein in sich geschlossener, abgegrenzter Vernichtungsvorgang, an dem teilnahm, wer auf der Rampe Dienst verrichtete. Der Freispruch von Schatz und die Auffassung, den Angehörigen der Selektionskommission müsse ein konkreter Tatbeitrag bei Selektionen nachgewiesen werden, führte dazu, dass nahezu ausschließlich nur noch eigenmächtige Tötungen geahndet wurden.

---

[28] Siehe Werner Renz, »Der 1. Frankfurter Auschwitz-Prozess 1963–1965 und die deutsche Öffentlichkeit. Anmerkungen zur Entmythologisierung eines NSG-Verfahrens«, in: *NS-Prozesse und deutsche Öffentlichkeit. Besatzungszeit, frühe Bundesrepublik und DDR,* hrsg. von Jörg Osterloh und Clemens Vollnhals, Göttingen: Vandenhoeck & Ruprecht, 2011, S. 360 f. und Thilo Kurz, »Paradigmenwechsel bei der Strafverfolgung des Personals in den deutschen Vernichtungslagern?«, in: *Zeitschrift für Internationale Strafrechtsdogmatik* (ZIS), H. 3 (2013), S. 122–129.

[29] Siehe das Urteil vom 30.3.1963 im Kulmhof-Prozess (LG Bonn), in: *Justiz und NS-Verbrechen,* Amsterdam 1981, Bd. XXI, S. 332; das Urteil vom 3.9.1965 im Treblinka-Prozess (LG Düsseldorf), in: *Justiz und NS-Verbrechen,* Amsterdam 1981, Bd. XXII, S. 1–220, hier S. 177: das Urteil vom 20.12.1966 im Sobibór-Prozess (LG Hagen), in: *Justiz und NS-Verbrechen,* Amsterdam 2001, Bd. XXV, S. 52–233, hier S. 216.

STIMMEN DER OPFER UND DER TÄTER. DER TONBANDMITSCHNITT

Das Los des Tonbandmitschnitts des ersten Treblinka-Prozesses, der Wolfgang Scheffler[1] zufolge gelöscht worden ist, blieb der Aufnahme im Frankfurter Auschwitz-Prozess erspart. Die 103 Tonbänder, die neben der Vernehmung von 319 Zeugen die Schlussworte der Angeklagten, das Plädoyer eines Staatsanwalts, die Schlussvorträge von zehn Verteidigern sowie die elfstündige mündliche Urteilsbegründung des Gerichtsvorsitzenden enthalten, hätten nach Rechtskraft des Urteils vernichtet werden sollen.[2]

In der Einleitung zu seiner bereits 1965 erschienenen Dokumentation über den Auschwitz-Prozess wies Hermann Langbein, Auschwitz-Überlebender und Chronist des Verfahrens, darauf hin, »Organisationen ehemaliger Häftlinge« bemühten sich, die »Löschung«[3] der Tonbänder zu verhindern. Im Nachlass von Langbein findet sich ein Schreiben vom 27. August 1965 an den hessischen Justizminister

---

[1] Wolfgang Scheffler, »Der Beitrag der Zeitgeschichte zur Erforschung der NS-Verbrechen – Versäumnisse, Schwierigkeiten, Aufgaben«, in: Jürgen Weber, Peter Steinbach (Hrsg.), *Vergangenheitsbewältigung durch Strafverfahren? NS-Prozesse in der Bundesrepublik Deutschland*, München: Olzog Verlag, 1984, S. 118 f. – Zum Treblinka-Prozess (Strafsache gegen Franz u.a., LG Düsseldorf, 12.10.1964–3.9.1965) siehe das Urteil in: *Justiz und NS-Verbrechen. Sammlung deutscher Strafurteile wegen nationalsozialistischer Tötungsverbrechen 1945–1966*, Bd. XXII, hrsg. von C. F. Rüter u.a., Amsterdam: K. G. Saur, 1981, S. 1–220.

[2] Im Oktober 2013 hat das Fritz Bauer Institut in Kooperation mit dem Hessischen Staatsarchiv/Wiesbaden den kompletten Tonbandmitschnitt samt den Transkriptionen ins Internet gestellt: www.auschwitz-prozess.de.

[3] Hermann Langbein, *Der Auschwitz-Prozess. Eine Dokumentation*, Wien Europa Verlag, 1965, Bd. 1, S. 13.

Lauritz Lauritzen, das belegt, dass es Langbein selbst gewesen war, der sich um den Erhalt der einmaligen Geschichtsquelle erfolgreich bemühte.[4] Seinem kurzen Brief an den Minister mit der Bitte um Unterstützung seines Vohabens legte Langbein eine Kopie seines Schreibens an den Vorsitzenden Richter im Auschwitz-Prozess, Hans Hofmeyer, vom selben Tag bei. Hofmeyer hatte er darum gebeten, die »im Auschwitz-Prozess aufgenommenen Tonbänder der Zeugenaussagen», da sie »von ausserordentlichem historischen Wert« seien, nicht zu löschen.[5] Das Antwortschreiben Lauritzen vom Oktober 1965[6] macht deutlich, dass seine Bitte auf Zustimmung gestoßen war. Wiesbaden setzte Langbein davon in Kenntnis, »die Frankfurter Justizbehörden« würden dafür »Sorge tragen«, dass die Tonbänder »nicht gelöscht, sondern aufbewahrt werden«. Tatsächlich hatte der Justizminister in einem Erlass vom September 1965 verfügt, das Tonband wegen seines »bedeutenden geschichtlichen Wert(s)« nicht zu löschen, es vielmehr »zum Zwecke einer späteren Archivierung«[7] aufzubewahren. Am Tag des Erlasses war Oberstaatsanwalt Hanns Großmann, Leiter der politischen Abteilung bei der landgerichtlichen Staatsanwaltschaft, eigens von einem Beamten des Justizministeriums fernmündlich davon unterrichtet worden, Minister Lauritzen lege »besonderen Wert« darauf, dass »die Tonbandaufnahmen im Auschwitz-Prozess archivarisch verwahrt« und »nicht gelöscht«[8] werden. In dem Ferngespräch wurde die Strafverfolgungsbehörde auch

[4] Österreichisches Staatsarchiv, Wien, Nachlass Hermann Langbein, E/1797: Ordner 97.

[5] Ebd.

[6] Ebd., Schreiben vom 25.10.1965.

[7] Erlass vom 24.9.1965, Az.: III/2 (IV–1076/59, Hessisches Hauptstaatsarchiv (HHStA), Wiesbaden, Abt. 461, Nr. 37638/265 (Handakten der StA FFM), Bl. 5.075.

[8] Vermerk v. 24.9.1965, Staatsanwaltschaft Frankfurt am Main, 4 Ks 2/63, Mappe, lose Blattsammlung, ohne Aufschrift.

darüber informiert, ein Versuch, den beteiligten Richtern die Ministeranordnung zu übermitteln, sei »gescheitert«, weil sie sich »zur Zeit in Urlaub«[9] befänden. Mit Schreiben vom 10. November 1965[10] setzte sodann die Staatsanwaltschaft Senatspräsident Hans Hofmeyer von dem Erlass in Kenntnis. Da der Tonbandmitschnitt kein Bestandteil der Akten war, lag die Zuständigkeit für die Verwahrung der Bänder beim Landgericht und nicht bei der Staatsanwaltschaft (als aktenführende Behörde).

In den nachfolgenden Jahren – das Revisionsverfahren vor dem Bundesgerichtshof[11] wurde im Februar 1969, die Neuverhandlung gegen den SS-Arzt Franz Lucas im Oktober 1970[12] mit Freispruch abgeschlossen – sind die Tonbänder nach Angaben von Prozessbeteiligten gut verwahrt in Vergessenheit geraten. Rekonstruierbar ist das Auffinden des Audio-Dokuments im Jahre 1988.

Im Siegener Verfahren gegen Ernst August König[13], SS-Rottenführer im sogenannten Zigeunerlager in Auschwitz/Birkenau, stellte Königs Mitverteidiger, Rechtsanwalt Georg Bürger (Frankfurt am Main) Antrag[14] auf Beiziehung der im Auschwitz-Verfahren auf Tonband aufgenommenen Aussage des Zeugen Max Friedrich.[15] Die Siegener

[9] Ebd.

[10] HHStA, Abt. 461, Nr. 37638/265, Bl. 5.076.

[11] Ebd., FAP-1/HA-128, Bl. 20.761–20.826.

[12] Ebd., Bl. 20.959–20.993.

[13] LG Siegen, Az.: Ks 130 Js 2/84 (Z), 5.5.1987–24.1.1991.

[14] Bürger war im 1. Frankfurter Auschwitz-Prozess Verteidiger des Angeklagten Bruno Schlage. Schriftsatz vom 11.11.1988, Privatarchiv Bürger, Az.: Ks 130 Js 2/84 (Z), Protokollband IV, Anlage 4 zum Protokoll vom 18.11.1988, Bl. 891 f.

[15] Aussage von Max Friedrich, Häftling Nr. A-2.894, in: *Der Auschwitz-Prozeß. Tonbandmitschnitte, Protokolle und Dokumente, DVD-ROM,* 2., durchges. u. verb. Auflage, hrsg. vom Fritz Bauer Institut und dem Staatlichen Museum Auschwitz-Birkenau, Berlin: Directmedia, 2005 (Digitale Bibliothek, Bd. 101), S. 26.831–26.880.

Schwurgerichtskammer[16] wandte sich an die Frankfurter Staatsanwaltschaft mit der Bitte, die Aussage zur Verfügung zu stellen. Die Anfrage rief die vergessenen Tonbänder in Erinnerung, die unverhofft am falschen Platz, im Archiv der Staatsanwaltschaft gefunden wurden.[17]

Da die Bänder nicht Bestandteil der Akten waren und somit »in keinem Fall der Verfügungsgewalt der Strafverfolgungsbehörde«[18] unterlagen, musste über ihren weiteren Verbleib entschieden werden. Der Mitschnitt ging zunächst in den Gewahrsam des Landgerichts Frankfurt am Main über, dessen Präsident in Absprache mit dem Hessischen Ministerium der Justiz, das zeitgeschichtlich bedeutsame Dokument im April 1989 dem Hessischen Hauptstaatsarchiv Wiesbaden zur Verwahrung übergab.

*

Die Vorgeschichte des Tonbandmitschnitts lässt sich aufgrund der unzureichenden Quellenlage nur lückenhaft nachzeichnen. Wohl auf Anregung des Vorsitzenden des Schwurgerichts, Hans Hofmeyer, ist angesichts der voraussichtlichen Dauer des Großverfahrens gegen anfangs 23 Angeklagte[19] Ende 1963 durch Generalstaatsanwalt Fritz Bauer beim Generalbundesanwalt in Karlsruhe angefragt worden, ob eine Aufnahme der Zeugenvernehmungen

---

[16] Die Aussage wurde dem Landgericht Siegen zur Verfügung gestellt und in der Sitzung vom 16.5.1989 abgespielt, Privatarchiv Bürger, Az.: Ks 130 Js 2/84 (Z), Protokollband V, Bl. 98.

[17] Verfügung vom 22.12.1988, Fritz Bauer Institut, Sonderheft »Tonbänder«, Bl. 1.

[18] Schreiben von OStA Wiese an den Präsidenten des LG Frankfurt am Main vom 22.12.1988, Sonderheft »Tonbänder«, Bl. 3.

[19] Ein Angeklagter, Hans Nierzwicki, schied noch vor Prozessbeginn, zwei Angeklagte, Gerhard Neubert und Heinrich Bischoff, im Verlauf des Verfahrens wegen Krankheit aus. Bischoff verstarb am 26.10.1964, Nierzwicki am 15.5.1967. Neubert wurde im 2. Auschwitz-Prozess mit Urteil vom 16.9.1966 zu 3 ½ Jahren Zuchthaus verurteilt.

auf Tonband in der Hauptverhandlung zulässig sei. Einem Vermerk Bauers vom 23. Dezember 1963[20] zufolge erging von Karlsruhe fernmündlich die Mitteilung, der Bundesgerichtshof (BGH) werde demnächst (4. Februar 1964) eine anstehende Entscheidung zur Tonbandfrage treffen, die abzuwarten sei.

Der BGH hatte über eine Rüge zu befinden, die von der Staatsanwaltschaft beim LG Darmstadt in ihrer Revision erhoben worden war. In einem Strafverfahren hatte das Gericht »in der Hauptverhandlung Teile der Einlassung der Angeklagten sowie der Zeugenaussagen und der gutachtlichen Äußerung des Sachverständigen auf Tonband aufgenommen und dieses Tonband bei der Urteilsberatung verwertet«.[21] Gerügt worden war die Verletzung der §§ 244 Abs. 2 und 261 Strafprozessordnung (StPO). Die Darmstädter Anklagebehörde brachte vor: 1. Der Zweck der Tonbandaufnahme sei den Verfahrensbeteiligten nicht bekannt gewesen und das Gericht habe ihre Zustimmung zu der Aufnahme nicht eingeholt; folglich seien die Prozessbeteiligten verfahrensfremden Einwirkungen ausgesetzt gewesen, die die Aussagen beeinflusst und ihren Beweiswert beeinträchtigt hätten. Damit sei eine ungehinderte Wahrheitsforschung nicht mehr gewährleistet worden. 2. Die Staatsanwaltschaft war weiter der Ansicht, die Verwendung der Tonbandaufnahme im Beratungszimmer verstoße gegen die Vorschrift, dass das Gericht über das Ergebnis der Beweisaufnahme nach seiner freien, aus dem Inbegriff der Verhandlung geschöpften Überzeugung (§ 261 StPO) zu befinden habe.

---

[20] Der Vermerk Bauers fand sich in einer Mappe von Zuschriften an die Staatsanwaltschaft.

[21] *Entscheidungen des Bundesgerichtshofs in Strafsachen* (BGHSt), Bd. 19 (1964), S. 193, ebenso in: *Neue Juristische Wochenschrift*, Jg. 17 (26.3.1964), Nr. 13, S. 602.

In der Entscheidung vom 4. Februar 1964 legte der BGH[22] dar, eine Aufnahme von Zeugenvernehmungen sei zulässig, wenn der Verwendungszweck des Mitschnitts klar bestimmt und den Angeklagten, Zeugen und Sachverständigen bekannt gemacht sei. Auch müssten Zeugen ihr ausdrückliches oder stillschweigendes Einverständnis zur Aufnahme ihrer Vernehmung geben. Das in den Beratungen des Gerichts benutzte Tonband, das die in der Hauptverhandlung gemachten Aussagen enthielt, war dem BGH zufolge den Notizen des als Berichterstatter fungierenden Richters oder einem auf Anordnung des Vorsitzenden Richters aufgenommenen Stenogramm gleichzusetzen. Da das Tonband ebenso wie die Notizen des Berichterstatters allein dazu bestimmt seien, »als Gedächtnisstütze für eine möglichst getreue Wiedergabe und Vergegenwärtigung in der Hauptverhandlung gemachter Aussagen bei der Urteilsberatung zu dienen«[23], liege eine Verletzung von § 261 StPO nicht vor.

Die höchstrichterliche Entscheidung kam gerade zur rechten Zeit für das Frankfurter Schwurgericht, das sich in dem Verfahren vor eine kaum zu bewältigende Aufgabe gestellt sah. Mit Beginn der Zeugenvernehmungen (19. Verhandlungstag, 26. Februar 1964) lief mit Zustimmung der vor Gericht erschienenen Personen ein Tonband mit. Zu Beginn der Vernehmung fragte der Vorsitzende die Zeugen, ob sie damit einverstanden seien, dass ihre Vernehmung zum »Zwecke der Stützung des Gedächtnisses des Gerichts« aufgenommen werde.

---

22 BGHSt, Bd. 19 (1964), S. 193–196. Zur BGH-Entscheidung siehe Eberhardt Schmidt, »Der Stand der Rechtsprechung zur Frage der Verwendbarkeit von Tonbandaufnahmen im Strafprozess«, in: *Juristenzeitung*, Jg. 19 (1964), H. 17, S. 538 f.

23 Ebd., S. 195.

Insgesamt wurden im Rahmen der Beweisaufnahme (16. bis 154. Verhandlungstag: 7. Februar 1964 – 6. Mai 1965[24]) 360 Zeugen vernommen. 211 Überlebende von Auschwitz-Birkenau, 54 ehemalige Angehörige der SS-Besatzung des Lagers, 34 sonstige ehemalige SS- bzw. Polizeiangehörige sowie 61 andere Zeugen.

Von 319 Zeugen wurden die Vernehmungen auf Tonband aufgezeichnet. Unter diesen waren 181 Auschwitz-Überlebende und 48 ehemalige Auschwitzer SS-Leute. Die Aussagen von 32 weiteren früheren SS- bzw. Polizeiangehörigen (zumeist zum Beweisthema Befehlsnotstand vernommen) sowie die Bekundungen von 58 sonstigen Personen – z. B. Angehörige der Angeklagten, vormalige IG Farben-Mitarbeiter (Carl Krauch, Christian Schneider, Otto Ambros, Gustav Murr, Max Faust), Staatsanwalt Kurt Hinrichsen von der Zentralen Stelle/Ludwigsburg, eine Historikerin des Staatlichen Museums Auschwitz-Birkenau (Danuta Czech), Verfahrensbeteiligte (die Rechtsanwälte Rainer Eggert und Joachim Noack, Staatsanwalt Gerhard Wiese, Untersuchungsrichter Heinz Düx), ein in Auschwitz tätiger Beamter der Deutschen Reichsbahn, zwei frühere Mitarbeiter der Siemens-Schuckert-Werke, die Witwe des 1947 in Polen hingerichteten Kommandanten von Auschwitz, Rudolf Höß, u.a. – finden sich gleichfalls auf dem Mitschnitt.

Drei Zeugen, Albert Stenzel (Angehöriger der Wachkompanie)[25], Josef Gabis (Häftling Nr. 18.700)[26] und Czesław Sowul (Häftling Nr. 167)[27], haben ihr Einverständnis zur

---

[24] Vor Beginn der Zeugenvernehmung hörte das Gericht an drei Verhandlungstagen die Sachverständigen Hans Buchheim, Helmut Krausnick und Martin Broszat (alle Institut für Zeitgeschichte, München). Die Gutachten waren bereits 1962 von Generalstaatsanwalt Bauer in Auftrag gegeben worden.

[25] FBI, FAP-1/HA-102, Bl. 738, Protokoll vom 28.9.1964.

[26] Ebd., HA-103, Bl. 789, Protokoll vom 9.10.1964.

[27] Ebd., HA-105, Bl. 1.020, Protokoll vom 30.12.1964.

Aufnahme ihrer Aussagen nicht erteilt. Gelöscht wurden die Vernehmungen von Fritz Putzker (Häftling Nr. 103.792), Jakob Laks (Häftling Nr. 99.383), Fenny Herrmann (Häftling Nr. 38.434) sowie der SS-Zeugen Kurt Jurasek (Abt. V: SS-Apotheke), Georg Engelschall und Friedrich Schlupper (beide Abt. IV: Verwaltung).

Von 34 Zeugen sind die Aussagen wohl aus technischen Gründen nicht aufgenommen worden. Insbesondere in der Zeit vom 19. März – 30. April 1964 (28. – 42. Verhandlungstag) wurden die Aussagen nicht aufgezeichnet.

Hervorzuheben ist, dass die Verlesung von Schriftstücken, die zum Gegenstand der Hauptverhandlung gemacht wurden, generell nicht auf Tonband aufgenommen worden sind, gleichviel ob es sich um Vernehmungsniederschriften, Urkunden oder Gutachten handelte.

Nach Angaben des Beisitzenden Richters und Berichterstatters Josef Perseke[28] und der Geschworenen Erna Grob[29] zog das Gericht bei den Beratungen den Tonbandmitschnitt nur gelegentlich heran. Bei der Abfassung des Urteils stützte sich Perseke ausschließlich auf seine eigene Mitschrift.[30]

Seitens der Verteidigung wurden gegen die Aufnahme der Aussagen auf Tonband keine Bedenken vorgebracht. Ein Jahr nach dem Beginn der Zeugenvernehmungen beantragten jedoch mit Schriftsatz vom 18. Februar 1965[31] die

---

[28] Interview mit Josef Perseke (LG Frankfurt am Main) vom 19.12.1997, FBI, FAP-1/I-2.

[29] Interview mit Erna Grob (Geschworene) vom 18.1.1999, FBI, FAP-1/I-8.

[30] Richter Perseke hat sein Stenogramm auf Band gesprochen, das umgehend übertragen wurde. Die Mitschrift stellte Perseke dem Vorsitzenden und dem zweiten Beisitzer, Richter Walter Hotz, zur Verfügung. Hotz hat die insgesamt 21 Schnellhefter aufbewahrt, sie sind heute Bestandteil der vom Fritz Bauer Institut aufgebauten Sammlung Auschwitz-Prozess.

[31] FBI, FAP-1/HA-108, Anlage 3 zum Protokoll vom 25.2.1965. Siehe hierzu den Artikel von Gerhard Mauz, »›Sollen wir's Ihnen vorspielen?‹ Tonband im Gericht«, in: *Der Spiegel*, Nr. 26, 23.6.1965, S. 38.

Rechtsanwälte Hans Laternser und Fritz Steinacker, die Tonbandaufnahmen zur Auswertung für die Verteidigung zur Verfügung zu stellen bzw. hilfsweise Abschriften durch das Gericht erstellen zu lassen. Dem Antrag schlossen sich 15 Verteidiger und ein Nebenklagevertreter, Rechtsanwalt Christian Raabe[32], an. In Anbetracht der Länge des Prozesses und des Umfangs der Zeugenaussagen hielten es die Verteidiger für erforderlich, für die Ausarbeitung ihrer Plädoyers den Mitschnitt als Gedächtnisstütze beiziehen zu können. Ihre eigenen Notizen erachteten sie als nicht ausreichend.

In ihrem Antrag erhoben Laternser/Steinacker Einwände gegen die Entscheidung des BGH, die Tonbandaufnahme den Notizen des Berichterstatters gleichzustellen. Da die Bandaufnahme die Zeugenaussagen »objektiv« festhalte, sie wörtlich und getreu wiedergebe, sei sie den richterlichen Notizen, die »subjektiv gefärbt« seien »oder es zumindest sein« könnten, nicht gleichzusetzen. Wohl habe die Verteidigung unzweifelhaft »keinen Anspruch auf Einsicht« in die vom Gericht gemachten Notizen, in den die Zeugenaussagen unverändert und lückenlos wiedergebenden Mitschnitt aber schon.

Die beiden Verteidiger wiesen auf einen weiteren wichtigen Umstand hin. Die Aufnahme der Zeugenaussagen auf Tonband habe dem Gericht, da es sich anders als die Verteidigung keine ausführlichen Notizen habe machen müssen, einen Vorteil verschafft, insofern das Gericht seine volle Aufmerksamkeit den Vernehmungen habe widmen können. Darüber hinaus habe die Verwendung des Tonbands den Ablauf der Zeugenvernehmung zum Nachteil der Verteidigung beschleunigt. Hätte das Gericht sich allein auf seine Notizen bei der Urteilsfindung stützen müssen, sich also nicht auf die Tonbandaufnahmen verlassen können, wäre die Befragung der Zeugen weniger schnell verlaufen. Die gemäß der BGH-Entscheidung festgelegte Zweckbestimmung der

---

[32] FBI, FAP-1/HA-108, Bl. 1.191, Protokoll vom 25.2.1965.

Tonbandaufnahme schloss nach Laternsers und Steinackers Auffassung die Verteidigung nicht aus. Da die Tonbandaufnahmen der Rechtsfindung des Gerichts dienten und sowohl Staatsanwaltschaft als auch Verteidigung daran teilnähmen, erstrecke sich die Einwilligung der Zeugen auch auf die Verteidigung.

Das Gericht wies den Antrag zurück, »da die Tonbänder nur zur Gedächtnisstütze des Schwurgerichts eingeschaltet und damit Bestandteil der Notizen des Berichterstatters geworden sind und andere Prozessbeteiligte keinen Anspruch auf ihre Überlassung«[33] hätten. Im Urteil wiesen die Richter zwei Hilfsbeweisanträge von Laternser/Steinacker auf Anhörung der Tonbandaufnahme zweier Zeugen mit dem Hinweis zurück, das Tonband sei »kein Beweismittel«[34] im Sinne der Strafprozessordnung, es sei »nur eine Ergänzung der Notizen des Berichterstatters«[35] und diene »nur zur Stützung des Gedächtnisses des Gerichts«.

Die Verteidigung hat in der Antragsablehnung eine unzulässige Beschränkung und folglich einen absoluten Revisionsgrund gesehen. In ihren Revisionsbegründungen haben deshalb mehrere Rechtsanwälte[36] gemäß § 338 Ziffer 8 StPO diese Auffassung vorgetragen, vor dem Bundesgerichtshof aber keinen Erfolg gehabt. Dem BGH zufolge war der Revisionsangriff unbegründet. Da der Tonbandmitschnitt nicht »Bestandteil der Akten im Sinne des § 147

---

33 Ebd., HA-110, Bl. 1.312, Protokoll vom 5.4.1965.

34 Raphael Gross, Werner Renz (Hrsg.), *Der Frankfurter Auschwitz-Prozess (1963–1965). Kommentierte Quellenedition.* Mit Abhandlungen von Sybille Steinbacher und Devin O. Pendas, mit historischen Anmerkungen von Werner Renz und juristischen Erläuterungen von Johannes Schmidt, Frankfurt am Main, New York: Campus Verlag, 2013, Bd. 2, S. 966.

35 Ebd.

36 Siehe FBI, FAP-1/HA-124, Bl. 19.844 ff., HA-125, Bl. 19.986 und HA-126, Bl. 20.259 ff., Bl. 20.377 ff., Bl. 20.305 ff.

StPO«[37] geworden sei, habe kein »Anspruch auf Überlassung der Tonbänder oder Abschriften von ihnen«[38] bestanden. In seiner Revisionsbegründung hatte Rechtsanwalt Karlheinz Staiger sich auf Darlegungen von Adolf Arndt berufen, die kurz erwähnt seien.

Im Zusammenhang mit Erörterungen über die Brauchbarkeit und Verwendbarkeit des Tonbands im Strafprozess[39] ist allgemein davon ausgegangen worden, der Tonbandmitschnitt sei Bestandteil der Akten und stehe somit allen Prozessbeteiligten zur Verfügung. Den im Auschwitz-Prozess praktizierten gerichtsinternen Gebrauch der Tonbandaufnahme hielt Arndt für bedenklich, da diese Zweckbestimmung »dem Grundsatz der Transparenz und der Öffentlichkeit jeder Ausübung staatlicher Gewalt in einem Rechtsstaat nicht gerecht«[40] werde. Arndt führte aus: »Entweder ist es überhaupt unzulässig, dass das Gericht in der Beratung sein Gedächtnis durch das Abspielen von Tonbändern [...] überprüft, weil es allein ›aus dem Inbegriff der Verhandlung‹ seine Überzeugung schöpfen darf (§ 261 StPO), oder die Tonbandaufnahme gehört zu dieser

---

[37] Ebd., HA-128, Bl. 20.781R.

[38] Ebd., Bl. 20.781.

[39] Auf dem 41. Deutschen Juristentag zu Berlin (1955) sprachen sich Juristen für die Verwendung des Tonbands zur Eigenkontrolle des Gerichts, somit zur Verwendung bei den Beratungen als Gedächtnisstütze aus. Darüber hinaus wurde es als zweckmäßig erachtet, dass eine Tonbandaufnahme bzw. seine Abschrift Grundlage einer Protokollrüge sein könne. Anhand mitgeschnittener Zeugenvernehmungen ließe sich gegebenenfalls die Protokollwidrigkeit von Urteilsfeststellungen nachweisen, d.h. etwaige Widersprüche zwischen im Urteil getroffenen Feststellungen und Aussagen vor Gericht. Siehe *Verhandlungen des einundvierzigsten Deutschen Juristentages*, Berlin 1955, Bd. II (Sitzungsberichte), Tübingen 1956, S. G 1–G 125.

[40] Adolf Arndt, »Zur Problematik der Grundsatzrevision aus verfassungsrechtlicher Sicht. 1. Tonbandaufnahmen gerichtsintern?«, in: *Neue Juristische Wochenschrift*, Jg. 15 (1962), H. 37, S. 1.660.

Verhandlung und ihrem ›Inbegriff‹, dann dürfen die am Verfahren Beteiligten, insbesondere Verteidiger und Staatsanwalt, nicht davon ausgeschlossen werden. Das Tonband [...] ist eine in der Verhandlung und durch sie entstandene Aufzeichnung des *Gerichts*, um jederzeit eine sinnlich wahrnehmbare Reproduktion der Verhandlung zu ermöglichen, nicht aber eine private Gedächtnishilfe eines einzelnen Richters für sich persönlich.«[41] Der fundamentale Grundsatz der Offenheit in einem Verfahren gebiete es mithin, dass dem Gericht kein Wissen bzw. kein Mittel des Wissens zur Verfügung stehen solle, »das nicht auch für den Verteidiger und den Staatsanwalt zugänglich und nachprüfbar«[42] sei.

Anders und ausdrücklich gegen Arndt entschied der Bundesgerichtshof im Revisionsurteil. Nach höchstrichterlicher Rechtsprechung gehöre »eine lediglich als Gedächtnisstütze angefertigte Tonbandaufnahme [...] nicht zum Inbegriff der Verhandlung im Sinne des § 261 StPO« und werde »nicht als solche Bestandteil der Akten gemäß § 147 StPO«.[43] Entscheidend sei der Zweck der Tonbandaufnahme, über den allein das Gericht bestimme. Der Zweck sei maßgeblich dafür, ob das Tonband Aktenbestandteil werde. Da das Gericht die Tonbänder erklärtermaßen »nur zu seiner Gedächtnisstütze für ein in der Hauptverhandlung [...] erworbenes Wissen aufgenommen« habe, seien die Bänder »nicht selbst Erkenntnisquelle oder Teile der Sitzungsniederschriften, sondern ähnlich wie Notizen, Stenogramme usw. nur ein technisches Hilfsmittel für das Gedächtnis, demnach auch nicht Bestandteil der Akten«.[44]

---

41 Ders., »Das Tonband als Aktenbestandteil (§ 147 StPO)«, in: *Neue Juristische Wochenschrift*, Jg. 19 (1966), H. 47, S. 2204.

42 Ebd.

43 FBI, FAP-1/HA-128, Bl. 20.781R.

44 Ebd.

Die bloß mnemonische Verwendung des Tonbands in den Beratungen diente dem BGH auch als Argument für die Zurückweisung der Rüge, das Gericht habe über das Ergebnis der Beweisaufnahme nicht nach seiner freien, aus dem Inbegriff der Verhandlung geschöpften Überzeugung entschieden. Den unstreitig bestehenden Erinnerungsschwierigkeiten des Gerichts angesichts der Prozessdauer von 20 Monaten und der großen Zeugenanzahl hätte mit Hilfe der Tonbandaufnahme begegnet werden können. »Alle Mitglieder des Gerichts«, führte der BGH aus, »hatten [...] die Möglichkeit, ihre Erinnerung durch Abhören des Tonbandes wieder aufzufrischen, sich jeden Verhandlungsteil wieder genau zu vergegenwärtigen und dann aus eigenem Wissen zu beraten und abzustimmen.«[45]

Ob bei der Notwendigkeit der Verwendung von Hilfsmitteln in der Urteilsberatung noch von freier Überzeugung die Rede sein kann, nach der das Gericht über das Ergebnis der Beweisaufnahme entscheiden muss, hat ebenso wie Adolf Arndt Vorsitzender Richter Hans Hofmeyer in Frage gestellt. Im Rückblick auf das »Mammut-Verfahren«, wie Hofmeyer den von ihm geführten Auschwitz-Prozess nennt, gelangte er zu der Einsicht, die Art der Urteilsfindung in dem Prozess grenze »sehr hart an ein schriftliches Verfahren« und sei »daher äußerst bedenklich«.[46] Die Strafprozessordnung schreibe vor, »dass das Urteil aufgrund des frischen und unmittelbaren Eindrucks des Gerichts von den Angeklagten, den Zeugen und den Sachverständigen gefällt werden soll. Aus diesem Grund verbietet sie eine Unterbrechung des Prozesses auf eine Dauer von mehr als 10 Tagen.« Mute es

---

[45] Ebd.

[46] Hans Hofmeyer, »Prozessrechtliche Probleme und praktische Schwierigkeiten bei der Durchführung der Prozesse«, in: *Verhandlungen des sechsundvierzigsten Deutschen Juristentages*, Essen 1966, Bd. II (Sitzungsberichte), Teil C, München: C. H. Beck Verlag, 1967, S. C 43.

aber »nicht geradezu grotesk« an, so Hofmeyer, »dass auf der einen Seite ein Verfahren nicht länger als 10 Tage unterbrochen werden soll, während auf der anderen Seite geurteilt werden muss über Aussagen, die fast 2 Jahre zurückliegen? Es ist praktisch ausgeschlossen, dass die einzelnen Gerichtsmitglieder, insbesondere die Laienrichter, nach so langer Zeit die wörtliche Aussagen und die Person eines jeden Zeugen noch im Gedächtnis haben. Man muss notgedrungen bei der Beratung von Aufzeichnungen der einzelnen Gerichtsmitglieder und eventuell von Tonbandaufnahmen Gebrauch machen, um überhaupt den gesamten Prozessstoff wieder richtig in Erinnerung zu bringen.«[47]

*

Welche Bedeutung hat der Tonbandmitschnitt für die Auschwitz-Forschung, die alle überlieferten Quellen zur Geschichte des Konzentrations- und Vernichtungslagers[48] ausgewertet hat? Fraglos kann es dem Historiker nicht darum gehen, anhand des Tonbands bzw. seiner Abschrift eine Nachprüfung der tatrichterlichen Beweiswürdigung vorzunehmen. In der Rolle des blinden Richters machte der Historiker eine denkbar schlechte Figur. Mögliche Widersprüche und Abweichungen zwischen den Urteilsfeststellungen und dem Tonband können gleichwohl benannt werden. An der Erforschung der historischen Wahrheit orientiert kann der Geschichtswissenschaftler die im Urteil getroffenen Tatsachenfeststellungen mit den Zeugenaussagen sowie mit den Ergebnissen der historischen Forschung komparativ prüfen.

---

47 Ebd.

48 Siehe Wacław Długoborski, Franciszek Piper (Hrsg.), *Auschwitz 1940–1945. Studien zur Geschichte des Konzentrations- und Vernichtungslagers Auschwitz*, 5 Bde, aus dem Polnischen von Jochen August, Oświęcim: Verlag des Staatlichen Museums Auschwitz-Birkenau, 1999.

Ob an einem bestimmten Tag ein einzelner Täter nachweislich an der Schwarzen Wand Häftlinge erschoss oder im Häftlingskrankenbau »abspritzte« oder auf der Rampe selektierte ist nicht vorrangig Gegenstand der Historiografie. Der Geschichtsforscher rechnet Einzelereignisse meist nicht individuell zu. Tatsachenfeststellungen im Sinne der durch überzeugende Beweismittel zweifelsfrei getroffenen Schuldfeststellung ist nicht seine Sache. Der Historiker kann sich keineswegs als Revisionsrichter verstehen, der anhand der Tonbandaufnahme die Nachprüfung einer Rüge der Protokollwidrigkeit vornimmt. Die Aufhebung eines Urteils strebt er selbstverständlich nicht an. Die Frage der Revisibilität der in einem Urteil gemachten, auf einen bestimmten Angeklagten bezogenen Tatsachenfeststellungen ist für ihn nicht relevant.

Der in seiner Zweckbestimmung und Verwendung vormals so umstrittene, glücklicherweise überlieferte Tonbandmitschnitt des Auschwitz-Prozesses[49] ist in anderer Hinsicht von herausragender Bedeutung. In den Aussagen der Opferzeugen werden Lagerereignisse minutiös und eindrücklich geschildert. Wie die vom Reichssicherheitshauptamt organisierten, von der Deutschen Reichsbahn fahrplanmäßig an den »Zielort« gebrachten Transporte auf der Rampe »abgewickelt« wurden, mit welcher mörderischen Beflissenheit die SS den Arrestbunker im Stammlager routinemäßig »entstaubte« und die selektierten Häftlinge an der Todeswand durch Genickschuss ermordete, wie geschwächte, halb verhungerte, in den Arbeitskommandos geschundene, meist jüdische Häftlinge im Krankenbau ausgesucht und mit einer Injektion ins Herz »abgespritzt« wurden, unter welchen schrecklichsten

[49] Der Mitschnitt ist erstmals 1993 von den Filmautoren Rolf Bickel und Dietrich Wagner (Hessischer Rundfunk) in ihrer dreiteiligen Dokumentation »Strafsache 4 Ks 2/63« verwendet worden. Siehe DVD-Publikation *Auschwitz vor Gericht. Strafsache 4 Ks 2/63*, Berlin: Absolut Medien, 2014, Doppel-DVD.

Bedingungen die Mörder Lagerabschnitte »liquidierten« und die Insassen vergasten, wie Häftlinge durch die Lager-Gestapo bei »verschärften Vernehmungen« Opfer furchtbarster Torturen wurden: die in Auschwitz begangenen Verbrechen erfuhr die Nachwelt aus dem Munde der Überlebenden. Die Stimme der Opfer ist auf dem Tonband festgehalten.

Nicht nur die Morde der Exzesstäter, auch das routinierte, einverständliche Funktionieren der auf Befehl und nach Dienstplan agierenden Adjutanten, Lagerführer, SS-Ärzte, SS-Zahnärzte und SS-Apotheker kommen in den Zeugenaussagen zur Sprache. Die Ankunft eines »Sonderzugs«, die Arglosigkeit der Opfer, ihre Desorientierung angesichts des riesigen Lagers, der rauchenden Schornsteine, der brüllenden und prügelnden SS, die vergebliche Hoffnung der auf der Rampe von einander getrennten, von der SS getäuschten Menschen auf ein Wiedersehen beim »Arbeitseinsatz«, der Schmerz ob der unvorbereitet und zumeist brutal erfahrenen Wahrheit über das grausame Schicksal der Nächsten und Liebsten, die Pein und die Scham über das Weiterexistieren im Angesicht des tagtäglichen Massenmords – das Zeugnis der Opfer, von der für das Leben nach Auschwitz so bedrängenden Überlebensschuld oftmals gezeichnet, ist auf dem Mitschnitt für alle Zeiten aufbewahrt.

Keine einzige der geschilderten Untaten haben die Angeklagten geleugnet. Ihre persönliche Verantwortung stritten sie selbstredend ab. Von Schuldanerkenntnis war im Gerichtssaal nichts zu hören. Das Auftreten der SS-Zeugen vor den Frankfurter Richtern ist exemplarisch für den Umgang großer Teile der deutschen Gesellschaft mit den nationalsozialistischen Verbrechen. Analog der Mehrheit der Deutschen, die jegliche Mitverantwortung an der verbrecherischen Politik des Nazi-Regimes entrüstet von sich wies und auf ihrer Nichtbeteiligung und Schuldlosigkeit beharrte, haben die vormaligen Herren über Leben und Tod in Auschwitz sich als unbeteiligte Befehlsempfänger, als Biedermänner präsentiert, die wohl ihren »Frontdienst« für »Führer, Volk und Vaterland« an der Mordstätte versahen, hierbei aber »anständig« geblieben sein wollen. Soweit sie nicht umhin konnten, ihre Teilnahme an Verbrechen einzugestehen, beteuerten sie ihre gänzliche Tatenlosigkeit, hoben hervor, bloß herum gestanden zu haben und dabei untätig gewesen zu sein. Der in der deutschen Nachkriegsgesellschaft zu konstatierende Gedächtnisverlust hinsichtlich der eigenen Verstrickung in das Geschehen hatte auch viele SS-Zeugen befallen. Die den Angeklagten gegenüber vorgebrachten Tatvorwürfe bestätigten sie nicht, an Tun und Lassen der vor Gericht stehenden NS-Täter konnten sie sich nicht erinnern. Kameraderie und Korpsgeist waren ihnen oberstes Gebot. Der Wahrheit sah sich kaum einer verpflichtet. Dreist logen sie und schützten Nichtwissen und Erinnerungslücken vor.

Nicht allein die Zeugenaussagen sind von unschätzbarem Wert. Der Tonbandmitschnitt hält auch das Bemühen des Gerichts fest, die Wahrheit über die den Angeklagten zur Last gelegten Taten zu erforschen. Die Sachaufklärung in dem Strafverfahren war keinesfalls leicht. Das Geschehen lag 20 Jahre zurück, außer Zeugen und wenigen Urkunden standen dem erkennenden Gericht keine Beweismittel zur Verfügung. Neben dem Schwurgericht haben auch die Staatsanwaltschaft und die Vertreter der Nebenkläger (die Rechtsanwälte Henry Ormond und Christian Raabe vertraten fünfzehn Nebenkläger, Rechtsanwalt Friedrich Karl Kaul sechs Nebenkläger aus der DDR), größte Anstrengungen unternommen, durch sachkundige Befragung der Zeugen die in Auschwitz begangenen Verbrechen aufzuklären. Den Versuch, über den einzelnen Schuldbeweis hinaus historische Aufklärung zu betreiben, einen Beitrag zur politischen Bildung zu erbringen, haben Staatsanwaltschaft und Nebenklagevertreter gemacht. Soweit es im Rahmen der Strafprozessordnung möglich war, wurde dieses Ziel durch Ankläger und Opferanwälte erreicht.

Dokumentiert auf dem Tonband ist auch das Verhalten der Verteidigung, die in ihrer Mehrheit nach Recht und Gesetz, seriös und sachlich, in gebotenem Respekt vor den Opferzeugen, ihre Mandanten vertrat.[50] Nicht alle Rechtsanwälte erwiesen sich aber als ein der Rechtspflege verpflichtetes Organ. Nicht selten kam es vor, dass (wenige) Anwälte sich der Wahrheitserforschung hindernd in den Weg stellten. Es ist, wie der Mitschnitt vielfach belegt, das überragende Verdienst des Vorsitzenden Richters, Hans Hofmeyer, alle Versuche souverän abgewehrt zu haben, die Aufklärung der Massenmorde zu erschweren. Die Art der Vernehmung der Opferzeugen durch bestimmte Verteidiger ließ nicht selten Kenntnis über die Lagerverhältnisse, denen die ehemaligen Häftlinge in dem Todeslager unterworfen waren und die bei der Bewertung der Aussagen in Rechnung zu stellen ein Gebot der Menschlichkeit war, vermissen. Auch Achtung vor Menschen, die Schlimmstes erlitten hatten, schien manchen Verteidigern zu fehlen.

Der durch das engagierte Bemühen von Hermann Langbein überlieferte Tonbandmitschnitt ist ein einmaliges Dokument sowohl für die Anstrengung der Justiz, die Verbrechen zu sühnen, als auch für die im Namen von Recht und Gerechtigkeit aufgebrachte, bewundernswerte Bereitschaft der Opfer aus aller Welt, im Lande der Täter, vor einem deutschen Schwurgericht und in Konfrontation mit den reuelosen, selbstgerecht und unverfroren auftretenden, schamlos lügenden Mördern, Zeugnis abzulegen.

---

[50] Hermann Langbein schenkte seine Dokumentation (siehe Anm. 3) Rechtsanwalt Friedrich Jugl (Frankfurt am Main), Verteidiger des Angeklagten Oswald Kaduk, und schrieb als Widmung die Zeilen: »Dem Anwalt, der bewiesen hat, dass man seiner Pflicht als Verteidiger voll nachkommen kann, ohne den Respekt vor den Opfern zu verletzen. Hermann Langbein, Wien 30.11.65.«

DEUTSCHE ERINNERUNGSKULTUR: TÄTEREXKULPATION UND OPFERGEDENKEN

Der Rückblick auf den Auschwitz-Prozess beginnt mit seinem strafrechtlichen Ende: Als im Oktober 1970 – der Initiator des Verfahrens, der hessische Generalstaatsanwalt Fritz Bauer, war bereits zwei Jahre tot – das Landgericht Frankfurt am Main den Angeklagten Franz Lucas in der Neuverhandlung freisprach, waren neben dem ehemaligen SS-Arzt weitere zehn der insgesamt siebzehn verurteilten Auschwitz-Täter und -Gehilfen freie Männer.

Die Angeklagten Emil Hantl und Herbert Scherpe waren in Anrechnung der Untersuchungshaft bereits am Tag des Urteilsspruchs (19. August 1965) auf freien Fuß gesetzt worden, der Hauptangeklagte Robert Mulka hatte 1968 Haftverschonung erhalten, vier Angeklagte (Victor Capesius, Hans Stark, Pery Broad und Klaus Dylewski) kamen nach Abbüßung von rund zwei Drittel der verhängten Strafen in den Jahren bis zum Revisionsverfahren vor dem Bundesgerichtshof (Januar/Februar 1969) aus der Untersuchungshaft frei, drei (Willy Frank, Karl Höcker und Bruno Schlage) wurden 1969/1970 aus der Strafhaft entlassen. Nicht mehr in Freiheit gelangten die zu lebenslangem Zuchthaus verurteilten Mörder Franz Hofmann und Wilhelm Boger; sie verstarben 1973 bzw. 1977 in Strafhaft. Hart traf es niedere Chargen, die sogenannten Exzesstäter, die nicht allein auf Befehl, sondern auch eigenmächtig gemordet hatten: Josef Klehr kam 1988 frei, nachdem er 28 Jahre in Haft verbracht hatte, Oswald Kaduk wurde 1989 entlassen; 30 Jahre hatte er eingesessen. Besondere Fälle stellten der als Mörder abgeurteilte vormalige Funktionshäftling Emil Bednarek und der ebenfalls zu lebenslangem Zuchthaus bestrafte Angeklagte

Stefan Baretzki dar. Bednarek wurde im Zuge eines Begnadigungsverfahrens, das auch von Prozessbeteiligten unterstützt worden war, 1975 entlassen, Baretzki beging 1988 in der Strafhaft Selbstmord.

An Strafmaß und Strafverbüßung – wie die angeführten Beispiele zeigen – ist die Bedeutung des Auschwitz-Prozesses nicht zu ermessen. Das durch die verhängten Strafen den Angeklagten zugefügte Übel steht in keinem Verhältnis zu dem maßlosen Unrecht, das die verurteilten Mörder und Mordgehilfen begangen hatten. Betrachtet man den Ausgang des Verfahrens, untersucht man Strafhöhe und Strafvollstreckungsverfahren, erörtert man Sinn und Zweck staatlichen Strafens in NS-Prozessen überhaupt, fällt das Fazit nicht gerade positiv aus.

Doch ist dies der richtige Ansatz, um über die strafrechtliche Aufarbeitung der nationalsozialistischen Gewaltverbrechen zu sprechen? Sich bei der Bewertung des Auschwitz-Prozesses auf die Erörterung von Strafausspruch und Strafvollstreckung zu beschränken, wäre gänzlich verfehlt.

Hinsichtlich der vergangenheitspolitischen Verfasstheit der Bundesrepublik und ihrer die NS-Prozesse abwehrenden Bürger lassen sich kritische Fragen stellen:

Gab es bei den bundesdeutschen Wohlstandsbürgern mit Blick auf die NS-Täter überhaupt ein Strafbedürfnis?

War das Rechtsbewusstsein der zu Bundesbürgern gewandelten einstmaligen Gefolgsleute Hitlers durch den Umstand wirklich gestört, dass nicht wenige »Mörder unter uns« lebten?

Waren für die vergangenheitsvergessenen Westdeutschen Rechtsfriede und Rechtsordnung tatsächlich gefährdet, wenn Handlanger – nur solche standen bis auf wenige Ausnahmen in den sechziger Jahren vor deutschen Schwurgerichten – unbestraft blieben, während zum Beispiel die in den Nürnberger Nachfolgeprozessen abgeurteilten Funktionseliten, die sogenannten Kriegsverbrecher, auf deutschen Druck hin längst vorzeitig begnadigt und entlassen worden waren und wegen eines unseligen Abkommens der Westalliierten mit der Bundesrepublik (Überleitungsvertrag von 1955) auch nicht mehr belangt werden konnten?

Auf die an die Bundesbürger der 1950er/1960er Jahre gestellten Fragen kann es angesichts der vorherrschenden Ablehnung einer »Bewältigung der Vergangenheit«, einer Abwehr der justiziellen Ahndung der NS-Verbrechen, nur ein klares Nein geben.

Gewiss gab es das im erlittenen Leid wurzelnde, aus der verletzten Menschenwürde kommende Gerechtigkeitsverlangen von Überlebenden, ebenso von Nachfahren der Opfer. Auch meldeten sich vereinzelt kritische, geschichtsverantwortliche Stimmen zu Wort, die Schuldausgleich einforderten, Recht und Gerechtigkeit einklagten.

Doch allen Verfechtern einer Strafverfolgung von NS-Tätern war allzu schmerzlich bewusst, dass es für den menschheitsgeschichtlich präzedenzlosen Massenmord keine gerechte Vergeltung und keine angemessene Sühne, keinen Unrechtsausgleich geben konnte. Mit den Mitteln des Strafrechts war kein Davongekommener auszusöhnen, zumal die wenigen von Überlebensschuld heimgesuchten Opfer doch meist die einzig Übriggebliebenen, die verlorenen, in einer verständnislosen und gleichgültigen, erkenntnisresistenten und wissensimmunen Welt nur noch fremden und verlassenen, letzten Reste (Scherit Hapleta) ihrer ermordeten Familien waren. In Sonderheit durch Strafverfahren gegen tatnahe Täter, die vor Ort als vergleichsweise kleine Funktionsträger, als meist befehlsabhängige Vollstrecker in der Vernichtungsmaschinerie gemordet hatten, war das maßlose, Millionen angetane Unrecht nicht zu ahnden.

Haftet demnach einem Verfahren wie dem Auschwitz-Prozess gegen recht unbedeutende SS-Führer und -Unterführer nicht ein unvermeidliches Gerechtigkeitsdefizit an, wenn man sich vergegenwärtigt, dass die Anstifter und

Befehlsgeber, die Planer und Organisatoren, die Schreibtischtäter und Bürokraten des Massenmords, vielfach nicht belangt wurden oder infolge der selbst geschaffenen, politisch gewollten Gesetzeslage nicht belangt werden konnten? Hat die Justiz, was sie mitnichten allein zu verantworten hat, nicht die Großen laufen lassen (müssen), während einige Kleine abgestraft wurden?

Sicherlich: Die Adjutanten Mulka und Höcker, der Schutzhaftlagerführer Hofmann, die SS-Ärzte Lucas, Frank und Schatz und der SS-Apotheker Capesius »wickelten« – wie es im Urteil heißt – nach Dienstplan, gemeinschaftlich mit anderen, Transporte mit Juden aus ganz Europa auf der Rampe »ab«. Sie bedienten, »Führer, Volk und Vaterland in Treue ergeben«, den Vernichtungsprozess: selektierten die Deportierten, überwachten die Vergasungen, betrieben als meist willfährige Befehlsempfänger im Todeslager das Mordgeschäft. Allesamt waren sie fraglos Mitwirkende an der Massenvernichtung, waren Holocaust-Täter. Doch wer hatte in Deutschland und in 17 besetzten Ländern Juden definiert, entrechtet, enteignet, stigmatisiert und konzentriert? Wer hatte in den Herkunftsorten der Todeszüge Juden in Sammelstellen verbracht, sie in Züge verfrachtet? Wer hatte Waggons bereitgestellt und Fahrpläne ausgearbeitet?

Das im Vernichtungslager Auschwitz begangene Verbrechen an der Menschheit war nicht allein vom Lagerpersonal verübt worden. Ganz im Gegenteil. Die in Frankfurt am Main zur Rechenschaft gezogenen, schuldigen Auschwitz-Täter standen auf der letzten Stufe des vom deutschen Verbrecherstaat (Karl Jaspers) initiierten Vernichtungsgeschehens, das andere an viel maßgeblicheren Stellen konzipiert, koordiniert, organisiert und exekutiert hatten.

Kann somit durch die Bestrafung von Handlangern das Unrecht weder vergolten noch gesühnt werden, so stellt sich die Frage, ob wenigstens der Strafzweck der Abschreckung geltend zu machen ist.

Spezialpräventiver Einflussnahme bedurften die vor Gericht stehenden, in den bundesrepublikanischen Verhältnissen sich untadelig verhaltenden Staatsbürger freilich nicht. Bei ihnen bestand weder die Gefahr des Rückfalls in staatlich befohlenes kriminelles Verhalten noch gab es bei den wohlintegrierten und unauffälligen, in der NS-Zeit jedoch so beflissenen Gefolgsleuten, den Verdacht mangelnder Rechtstreue gegenüber dem demokratisch verfassten Nachfolgestaat des Verbrecherregimes.

Auch generalpräventive Strafzwecke waren für das Nachkriegsdeutschland gegenstandslos. Von Staats wegen lizenzierte Massenmörder waren im neuen, rechtsstaatlichen Gemeinwesen nicht zu befürchten, auch kein verletztes Rechtsbewusstsein, kein gestörtes Normvertrauen der vormaligen Volksgenossen und nunmehrigen Bundesbürger galt es durch die Bestrafung der befehlsergebenen Exekutoren des SS-Staates wiederherzustellen.

Gerade umgekehrt verhielt es sich: Nicht wenige Deutsche, darunter prominente Kirchenleute und Politiker, solidarisierten sich Ende der 1940er, Anfang der 1950er Jahre mit den sogenannten »schuldlosen Opfern alliierter Siegerjustiz«, mit den »deutschen Kriegsgefangenen in alliierter Haft« und in den 1960er Jahren verschiedentlich mit den Angeklagten in NSG-Verfahren, indem sie mit Blick auf die NS-Prozesse von Nestbeschmutzung sprachen und nach einem Schlussstrich unter die NS-Vergangenheit riefen. Bernhard Schlink ist zuzustimmen, dass das Sichnichtlossagen[1] von den schuldigen Tätern, Anstiftern und Beihelfern neue deutsche Schuld gestiftet hat.

Konnten die Schwurgerichte durch die Bestrafung der an NS-Verbrechen Beteiligten – meist nicht als Täter sondern als Gehilfen qualifiziert und durch richterliche

[1] Bernhard Schlink, *Vergangenheitsschuld und gegenwärtiges Recht*, Frankfurt am Main: Suhrkamp Verlag, 2002, S. 29.

Strafmilderungserwägungen begünstigt – der Gerechtigkeit kein Genüge tun, muss Sinn und Bedeutung des Auschwitz-Prozesses in anderen Faktoren zu finden sein.

Als sich Mitte 1959 die jungen Staatsanwälte Georg Friedrich Vogel und Joachim Kügler im Rahmen eines staatsanwaltschaftlichen Ermittlungsverfahrens daran machten, den Tatkomplex Auschwitz aufzuklären, Tatbeteiligte zu finden, Urkunden auszuwerten, Opfer- und SS-Zeugen zu vernehmen, war der Tatort Auschwitz eine Leerstelle im historischen Gedächtnis der Deutschen. Der Holocaust, die Shoah waren im Bewusstsein der Bürger des Wirtschaftswunderlands nicht präsent. Gegen die verbreitete Schlussstrichmentalität, gegen das Beschweigen der Vergangenheit klärten die beiden Strafjuristen, denen Verfolgungseifer zu attestieren ihnen zur Ehre gereicht, die in Auschwitz begangenen Verbrechen auf, rekonstruierten die Ereignisse in dem Konzentrations- und Vernichtungslager, trugen Beweismittel gegen die Beschuldigten zusammen. In der im April 1963 vorgelegten Schwurgerichtsanklage stellte die Staatsanwaltschaft die nationalsozialistische Verfolgungs- und Vernichtungspolitik umfassend und konsistent dar, schrieb erstmals auf einer breiten Quellenbasis die Geschichte des Konzentrations- und Vernichtungslager Auschwitz-Birkenau.

Sinn und Bedeutung des Auschwitz-Prozesses liegen mithin vor allem in der Sachaufklärung, die insbesondere von der Anklagebehörde geleistet worden ist. Als sodann in der Hauptverhandlung, das heißt öffentlich und in alle Welt berichtet, Überlebende und teils auch SS-Zeugen das Geschehen in Auschwitz schilderten, mit eindringlichen Aussagen die Verbrechen zur Sprache brachten, war neben der Feststellung der individuellen Schuld der Angeklagten die Aufklärung über das Menschheitsverbrechen der Sinn des Prozesses.

Mit Blick auf das Auschwitz-Urteil und die vorgegebenen Rechtsgrundlagen gilt es mit Henry Ormond, zusammen mit

Christian Raabe Vertreter von 15 Nebenklägern aus 13 verschiedenen Ländern, nüchtern festzustellen: »Es war die Aufgabe des Gerichts«, die Angeklagten »nicht wegen eines dem deutschen Recht unbekannten Organisations-Verbrechens, sondern auf Grund des Mordparagraphen des geltenden Deutschen Strafgesetzbuches und nach den Verfahrensvorschriften der Deutschen Strafprozessordnung individuell der ihnen zur Last gelegten Einzeltaten zu überführen.«[2] Mit gutem Grund lobte Eugen Kogon in seinem im Hessischen Rundfunk gesendeten Kommentar zum Urteil die »souveräne juristische Selbstbeschränkung«[3] des Frankfurter Gerichts.

Die in justizkritischer Absicht vorgetragenen Einwände gegen die sogenannte Gehilfenjudikatur bundesdeutscher Schwurgerichte und des Bundesgerichtshofs in NS-Prozessen mit ihren überaus milden Strafen für tausendfachen Mord sind fraglos zutreffend und wohlbegründet. Im Falle des Auschwitz-Urteils wird aber häufig verkannt, dass die Frankfurter Richter nicht nur sechs der Angeklagten als Täter (Hofmann, Kaduk, Klehr, Boger, Baretzki, Bednarek) qualifizierten, weil sie eigenmächtig, in eifervoller Eigeninitiative Tötungen verübten, das Schwurgericht hat auch zwei von den zu lebenslangem Zuchthaus verurteilten Angeklagten (Hofmann und Kaduk) sowie den Angeklagten Stark wegen ihrer auf Befehl erfolgten Mitwirkung an Massenverbrechen als Mittäter bestraft. Diese drei Angeklagten hatten nach Auffassung des Gerichts die von der deutschen Staatsführung angeordneten Taten als eigene gewollt, sich die Mordbefehle zu eigen gemacht, sie zumindest hatten sich mit den Vernichtungszielen des NS-Staats identifiziert, sie hatten

[2] Henry Ormond, »Ein Wort zur Kritik am Auschwitz-Urteil«, in: *Allgemeine jüdische Wochenzeitung,* Jg. 20, Nr. 22, vom 27.8.1965.

[3] Eugen Kogon, »Kommentar nach dem Urteil«, in: *Frankfurter Hefte,* Jg. 20, (1965), H. 12, S. 838.

also mit Täterwillen gehandelt. Wie in nahezu allen NS-Prozessen beurteilten die Frankfurter Richter die sogenannte innere Einstellung der meisten Angeklagten zu den befohlenen Taten bzw. ihre Willensrichtung dahin gehend, dass die Befehlsempfänger keine überzeugten Nationalsozialisten gewesen seien, sich die Ziele der verbrecherischen Staatsführung nicht zu eigen gemacht, nicht in ideologischer Übereinstimmung mit dem Regime gehandelt hätten. Innerlich bejaht, so die Rechtspraxis in NSG-Verfahren, hätten nur die wenigsten die befohlenen Taten. Die Deutschen waren der Strafjustiz ein Volk von Gehilfen – zwar befehlsergeben und willfährig, doch aber in vornehmer innerlicher Distanz zu den sogenannten Haupttätern und Taturhebern verharrend. Als eigene Tat gewollt hätten sie nicht, was Hitler, Himmler und andere angeordnet und viele beflissen ausgeführt hatten. Von Täterwillen seien sie nicht beherrscht gewesen, zur eigenen Sache hätten sie sich den Judenmord nicht gemacht. Diese die Angeklagten exkulpierende Sicht der subjektiven Tatseite ist aus guten Gründen Gegenstand der allfälligen Justizkritik.

Unerörtert bleibt jedoch vielfach, dass der Bonner Gesetzgeber es unterlassen hat, die rechtlichen Voraussetzungen für eine angemessene Aburteilung der NS-Täter zu schaffen. Der 1949 entstandene Rechtsstaat Bundesrepublik Deutschland hätte, wie Karl Jaspers noch 1965 entschieden forderte, durch eine Erweiterung des Strafgesetzbuchs das gesetzliche Instrumentarium für die Ahndung der neuen Art von Verbrechen, die der Verbrecherstaat unter Hitlers Führung verübt hatte, bereitstellen müssen. Für den »neuen Tatbestand des neuen Verbrechens des staatlichen Massenmordes«[4], für den »geschichtlichen Ausnahmezustand«[5] Verbrecherstaat,

---

[4] Karl Jaspers, *Wohin treibt die Bundesrepublik?* München: Piper Verlag, 1966, S. 64.

[5] Ebd., S. 62.

hätten qualifizierte Ausnahmegesetze vom Souverän, der sich der eigenen, in Völkermord, Elend und Verderben endenden Vergangenheit in einem radikalen Selbsterkennungs- und -reinigungsakt stellt, erlassen werden müssen. Durch einen solchen politischen Akt des Gesetzgebers wäre erst nach Jaspers das »radikale Abstandnehmen vom Dritten Reich«[6] erfolgt, die gebotene Umkehr, der willentliche Bruch. Nur durch diesen gleichsam revolutionären Neubeginn hätte sich die Bundesrepublik Deutschland das sittlich-politische Fundament geschaffen, auf dem eine moralisch gerechtfertigte Existenz in der Weltgemeinschaft möglich gewesen wäre.

So ist es aber nicht gekommen, den Deutschen fehlte die geistig-sittliche Kraft. Juristen trugen – bar aller Erkenntnis der Präzedenzlosigkeit des Verbrecherstaats und seiner Taten – geschichtsblinde, inadäquate rechtsgrundsätzliche Erwägungen vor, beharrten auf der Beachtung des Rückwirkungsverbots, verschlossen sich der Einsicht, dass nur Sondernormen es gewährleisten können, eine angemessene justizielle Verfolgung der NS-Verbrechen durchzuführen. Auch die Anwendung der ex post facto geschaffenen alliierten Gesetze (Kontrollratsgesetz Nr. 10) stieß bei der Mehrheit der deutschen Juristen aus den nämlichen Gründen auf strikte Ablehnung.

Politiker hatten weder die Einsicht noch den Mut, die gebotenen rechtspolitischen Entscheidungen zu treffen. Im Gegenteil: Die Deutschen stilisierten sich zum Opfer Hitlers,

[6] Ebd., S. 67. – Der bundesdeutsche Gesetzgeber hat – wie Werle/Wandres schreiben – geschichtsblind »auf Sonderregeln für die Bestrafung der NS-Verbrechen verzichtet und die strafjuristische Verarbeitung des Holocaust allein der Justiz« (Gerhard Werle, Thomas Wandres, *Auschwitz vor Gericht. Völkermord und bundesdeutsche Strafjustiz,* mit einer Dokumentation des Auschwitz-Urteils, München: C. H. Beck, 1995, S. 39) überlassen.

betonten die Tragik ihres Schicksals und wehrten Schuld, Verantwortung und Haftung geschichtsvergessen ab.[7]

So haben die Deutschen offenbar mit gutem Gewissen mit den Menschheitsverbrechern gelebt, sie unbehelligt gelassen und integriert, haben sich in Teilen gar für sie verwendet, sich mit ihnen solidarisiert. Diese Erkenntnis erschüttert das gedenkpolitisch wohlig gebettete, selbstzufriedene Gewissen, die erinnerungskulturell aufpolierte, gesamteuropäisch eingerahmte Zukunftszuversicht der Deutschen. Das Berliner Holocaust-Mahnmal steht deshalb auf tönernen Füßen, auf schwankendem Grund. In seiner ganzen Größe kann es die »zweite Schuld«[8] nicht kaschieren, die sich die Bundesrepublik Deutschland durch die unzureichende Verfolgung der NS-Täter aufgeladen hat. In Berlin gedenkt man heute wohlfeil und beflissen der Opfer, in Bonn aber ist nichts dafür getan worden, die Mörder dieser Opfer – der verübten Tat entsprechend – belangen zu können. Die Bonner Unterlassung überschattet, mehr noch: entwertet die heutige Berliner Gedenkwilligkeit.

---

[7] Helmut Dubiel, *Niemand ist frei von Geschichte. die nationalsozialistische Herrschaft in den Debatten des Deutschen Bundestages,* München: Hanser Verlag, 1999, S. 41 ff.

[8] Ralph Giordano, *Die zweite Schuld oder Von der Last Deutscher zu sein,* Hamburg, Zürich: Rasch und Röhring, 1987.

FRITZ BAUERS SKEPTISCHE BILANZ ZU DEN NS-PROZESSEN

Heinz Boberach ist eine verlässliche Quelle. Seine Worte kann man getrost auf die Goldwaage legen. In einem Beitrag über die »Beteiligung des Bundesarchivs an der Verfolgung und Wiedergutmachung nationalsozialistischen Unrechts in den sechziger Jahren«[1] berichtet der renommierte Historiker und Archivar von seinem letzten Besuch bei Fritz Bauer. Das Gespräch fand kurz vor Bauers Tod Mitte 1968 statt. Besonders in Erinnerung blieb Boberach eine selbstkritische Einschätzung des hessischen Generalstaatsanwalts und Initiators des 1. Frankfurter Auschwitz-Prozesses:

»Damals sagte er [d.i. Bauer; d. Verf.], es sei vielleicht falsch gewesen, dass er mit dem Auschwitz-Prozess den Historikern Arbeit habe abnehmen und das ganze Ausmaß der dort begangenen Verbrechen dokumentieren wollen, ihn dadurch aber verlängert und mehr Überlebende als Zeugen an ihre Leiden erinnert habe als nötig; es hätte genügen können, die Schuld der Angeklagten nur in einigen hundert oder tausend Fällen nachzuweisen, um sie zur Höchststrafe zu verurteilen.«

Welche realisierten Vorhaben (1), bedauerlichen Folgen (2) und möglichen Alternativen (3) meinte Fritz Bauer im Einzelnen?

[1] In: Klaus Oldenhage, Hermann Schreyer, Wolfram Werner (Hrsg.), *Archiv und Geschichte. Festschrift für Friedrich P. Kahlenberg*, Düsseldorf: Droste Verlag, 2000, S. 264–274.

Zu 1.

Das Vorhaben, durch ein Sammelverfahren gegen Auschwitz-Täter zu leisten, was Desiderat der Zeitgeschichtsforschung war, durch die systematische und umfassende Aufklärung des Auschwitz-Komplexes das gesamte Verbrechensgeschehen in dem Konzentrations- und Vernichtungslager für die deutsche Öffentlichkeit zu dokumentieren, ist durch die Ermittlungsarbeit der Staatsanwaltschaft beim Landgericht Frankfurt am Main, der gerichtlichen Voruntersuchung und durch das Schwurgerichtsverfahren in Teilen realisiert worden.

Die – weitgehend nichtdeutsche – Zeitgeschichtsforschung hatte bis Anfang der 1960er Jahre den Holocaust durch die Arbeiten von Léon Poliakov (Paris 1951)[2], Gerald Reitlinger (London 1953)[3], Wolfgang Scheffler (Berlin 1960)[4] und Raul Hilberg (Chicago 1961; London 1961)[5] bereits grundlegend dargestellt.

Die in Auschwitz begangenen Verbrechen waren in Dimension und Verlauf den Deutschen aber unbekannt. Frühe polnische, in deutscher Übersetzung vorliegende Publikationen wie die von der Zentralkommission für die Untersuchung der Nazi-Verbrechen in Polen 1955 herausgegebene Broschüre

---

[2] Léon Poliakov, *Bréviaire de la Haine. Le IIIe Reich et les Juifs,* Préface de François Mauriac, Paris: Calmann-Lévy, 1951; ders., *Harvest of Hate,* introduced by Lord Russell of Liverpool, Forewords by François Mauriac and Reinhold Niebuhr, London: Elek Books, 1956.

[3] Gerald Reitlinger, *The Final Solution. The Attempt to Exterminate the Jews of Europe 1939–1945,* London: Vallentine, Mitchel, 1953.

[4] Wolfgang Scheffler, *Judenverfolgung im Dritten Reich 1933–1945,* Berlin: Colloquium Verlag, 1960.

[5] Raul Hilberg, *The Destruction of the European Jews,* Chicago: Quadrangle Books, 1961; London: W. H. Allen, 1961. – Die Buch von Poliakov ist nie ins Deutsche übertragen worden, das Werk von Hilberg kam erst 1982 auf Deutsch heraus, einzig die Studie Reitlingers lag 1956 in deutscher Übersetzung vor und erlebte mehrere Auflagen.

Konzentrationslager Oswiecim (Auschwitz – Birkenau)[6] und das 1957 erschienene Werk von Jan Sehn, Untersuchungsrichter in polnischen Verfahren gegen Auschwitz-Personal, fanden in der Bundesrepublik kaum Beachtung.[7] Zu groß war die Abneigung gegenüber Publikationen aus den Ländern Osteuropas, zu schwer der Verdacht, die vorgegebene Ideologie verhindere eine wissenschaftliche Darstellung der historischen Ereignisse.

Die Edition der autobiografischen Aufzeichnungen von Rudolf Höß, erster Kommandant des Lagers, erlebte hingegen mehrere Auflagen und fand auch als Taschenbuch weite Verbreitung.[8] Höß hatte in seiner Krakauer Untersuchungshaft 1946/1947 den Bericht niedergeschrieben.

Durch die strafrechtliche Aufklärung der in Auschwitz begangenen Verbrechen hat die Justiz der Historiografie Arbeit freilich nicht abnehmen können.

Tataufklärung und Tatfeststellung sind unter anderem Sache der Justiz, hingegen Ereignisbeschreibung sowie Struktur- und Ursachenanalyse Sache der Geschichtswissenschaft. Die Aufklärung eines Verbrechens zielt auf die individuelle Zurechenbarkeit einer konkreten, vorwerfbaren Tat. Die historiografische Darstellung eines Geschichtsereignisses ebenso wie die Untersuchung struktureller und kausaler Vorgänge abstrahiert in der Regel vom Einzelsubjekt. Die Akteure spielen in einem individualgeschichtlichen Ansatz

---

6 Verlag Wydawnictwo Prawnicze, Warschau 1955, 63 S., mit Abb. und Karten.

7 Jan Sehn, *Konzentrationslager Oświęcim-Brzezinka (Auschwitz-Birkenau). Auf Grund von Dokumenten und Beweisquellen,* Warszawa: Wydawnictwo Prawnicze, 1957.

8 *Kommandant in Auschwitz. Autobiographische Aufzeichnungen von Rudolf Höß*,. eingeleitet und kommentiert von Martin Broszat, Stuttgart: Deutsche Verlags-Anstalt, 1958; München: Deutscher Taschenbuch Verlag, 1963 (ungekürzte Ausgabe).

eine Rolle, stellen aber in der ereignishistorischen Forschung keinen Schwerpunkt dar.

Fraglos haben die Frankfurter Staatsanwälte im historischen Teil ihrer Anklageschrift einen wichtigen und hervorragenden Beitrag zur Historiografie von Auschwitz geleistet. Die Darstellung der Lagerstruktur und des Vernichtungsgeschehens ist präzise und umfassend. Die Aufstellung der Tatvorwürfe mit den entsprechenden Beweisquellen sowie die Aussagen der Zeugen im Prozess erbrachten sodann für die Öffentlichkeit, deren Wissensdefizite immens waren, die gebotene Aufklärung über das in Auschwitz begangene Menschheitsverbrechen.

Die juristische Aufarbeitung konnte jedoch nicht an die Stelle der Geschichtsschreibung treten. Die Grenzen, die das materielle Recht und das Strafverfahrensrecht zogen, sind vom Frankfurter Schwurgericht peinlich genau eingehalten worden.

Ungewiss ist, ob der Auschwitz-Prozess, wie Bauer emphatisch erhoffte, den Deutschen »die historische Wahrheit kund und zu wissen«[9] tat. Ob das Strafverfahren »Lehren«[10] erteilte, ob die Bürger der Bundesrepublik, die die Gerichtsverhandlungen als Zuschauer oder in der Presse verfolgten, geschichtspolitische »Lektionen« erhielten, ist gleichfalls strittig. Bauers aufklärerischerer Impetus, sein aus Humanismus, aus seinem Menschenglauben geschöpfter volkspädagogischer Ansatz, ließ ihn dies leidenschaftlich hoffen. Man ist freilich geneigt, die Sache nüchterner zu betrachten.

In der mündlichen Urteilsbegründung sagte Vorsitzender Richter Hans Hofmeyer ausdrücklich:

---

[9] Fritz Bauer, »Warum Auschwitz-Prozess?«, in: *Konkret*, Nr. 3, März 1964, S. 12.

[10] Ebd.; siehe auch Fritz Bauer, »NS-Verbrechen vor deutschen Gerichten. Versuch einer Zwischenbilanz«, in: *Diskussion. Zeitschrift für Fragen der Gesellschaft und der deutsch-israelischen Beziehungen*, Jg. 5 (Mai 1964), H. 1, S. 4.

»Es ist verständlich, dass in diesen Prozess der Wunsch hineingetragen worden ist, die Grundlagen zu einer umfassenden geschichtlichen Darstellung des Zeitgeschehens zu schaffen, die Hintergründe, die zu dieser Katastrophe führten, zu erkennen, die politische Entwicklung seit dem Ersten Weltkrieg aufzuzeigen und die Phänomene zu ergründen, die zu diesem furchtbaren Geschehen in Auschwitz führten. So wurden dem Gericht fleißige und umfassende Gutachten und zahlreiche Literatur vorgelegt, um ein möglichst vollständiges Bild der psychologischen, politischen, sozialen und rechtsphilosophischen Situation der Ära des nationalsozialistischen Staates zu ermöglichen. Die verwirrende Vielzahl der hieraus resultierenden Fragen durfte jedoch das Gericht nicht in die Versuchung bringen, den ihm vom Gesetz vorgeschriebenen Weg zu verlassen und sich auf Gebiete zu begeben, die ihm verschlossen sind. Aufgabe jedes Strafverfahrens ist es, die Begründetheit der Anschuldigungen zu überprüfen, die von der Staatsanwaltschaft erhoben werden, und nur die Umstände zu erforschen, die zur Entscheidung über diese Angeschuldigten geklärt werden müssen. Das Gericht hat nicht das Recht, andere Ziele anzustreben, und würde, wenn es den ihm vorgezeichneten Weg verlassen wollte, in eine Uferlosigkeit geraten, die ihm eine Entscheidung unmöglich machen würde.«[11]

Durch das von Bauer initiierte Auschwitz-Verfahren sind Quellen, Materialien für die historische Forschung geschaffen worden. Die Prozessakten und die auf Tonband aufgezeichneten Zeugenvernehmungen stellen einen wichtigen Bestand dar. Die überlieferten Täterdokumente, die frühen Zeugnisse der Überlebenden (in Archiven noch ungehoben

[11] *Der Auschwitz-Prozess. Tonbandmitschnitte, Protokolle und Dokumente, DVD-ROM,* hrsg. vom Fritz Bauer Institut und dem Staatlichen Museum Auschwitz-Birkenau, Berlin: Directmedia (Digitale Bibliothek, Bd. 101), 2005, 2., durchges. u. verb. Aufl., S. 36.663 f.

oder bereits publiziert), sowie die Akten aus diversen Verfahren gegen Auschwitz-Täter, bilden die Quellenbasis für die Darstellung der Geschichte von Auschwitz.

Die vorliegenden Sammelwerke[12] und Einzelstudien[13] haben grundlegende Erkenntnisse über das Geschehen in Auschwitz vermittelt. Eine umfassende Auschwitz-Monografie steht bis heute aber aus.

Zu 2.

Die von Bauer angesprochenen negativen Folgen des Unterfangens lassen sich unterschiedlich betrachten. Hinsichtlich der Dauer des gesamten Verfahrens dürften verschiedene Aspekte Fritz Bauer zu der selbstkritischen Einschätzung veranlasst haben. Mitte 1959 hatte die Frankfurter Staatsanwaltschaft ihre Ermittlungen begonnen. Vorausgegangen war ein nur schleppend in Gang gekommenes Ermittlungsverfahren,

---

[12] *Auschwitz. Nationalsozialistisches Vernichtungslager.* Red.: Franciszek Piper, Teresa Swiebocka, Red. d. dt. Ausg.: Sibylle Goldmann, Halina Jastrzebska, aus dem Polnischen von Jochen August, Sibylle Goldmann, Jürgen Pagel, Oświęcim: Staatliches Museum Auschwitz-Birkenau, 1997; Waclaw Dlugoborski / Franciszek Piper (Hrsg.), *Auschwitz 1940–1945. Studien zur Geschichte des Konzentrations- und Vernichtungslagers Auschwitz. Bd. I–Bd. V,* aus dem Polnischen von Jochen August, Oświęcim: Verlag des Staatlichen Museums Auschwitz-Birkenau, 1999.

[13] Sybille Steinbacher, *»Musterstadt« Auschwitz. Germanisierungspolitik und Judenmord in Ostoberschlesien,* München u.a.: Saur Verlag, 2000 (Darstellungen und Quellen zur Geschichte von Auschwitz, Bd. 2); Bernd C. Wagner, *IG Auschwitz. Zwangsarbeit und Vernichtung von Häftlingen des Lagers Monowitz 1941–1945.* München u.a.: Saur Verlag, 2000 (Darstellungen und Quellen zur Geschichte von Auschwitz, Bd. 3); siehe auch Danuta Czech, *Kalendarium der Ereignisse im Konzentrationslager Auschwitz-Birkenau 1939–1945,* mit einem Vorwort von Walter Laqueur, aus dem Polnischen von Jochen August, Nina Kozlowski, Silke Lent, Jan Parcer, Reinbek bei Hamburg: Rowohlt Verlag, 1989; Robert-Jan van Pelt, Debórah Dwork, *Auschwitz. Von 1270 bis heute,* aus dem Englischen von Klaus Rupprecht, Zürich, München: Pendo Verlag, 1998.

das seit Anfang März 1958 bei der Staatsanwaltschaft Stuttgart anhängig war sowie Vorermittlungsverfahren der Zentralen Stelle zur Aufklärung der nationalsozialistischen Gewaltverbrechen in Ludwigsburg, die Anfang Dezember 1958 ihre Arbeit aufnahm.

Zu Beginn des Jahres 1959 hatte sich Bauer eine willkommene Gelegenheit geboten, in Sachen Auschwitz den Gerichtsstand bestimmen zu lassen. Es gelang ihm, dass der Bundesgerichtshof auf Antrag des Generalbundesanwalts das Landgericht Frankfurt am Main für zuständig erklärte. Bauer konnte nunmehr durch von ihm persönlich ausgewählte, junge Staatsanwälte der ihm unterstellten Staatsanwaltschaft beim Landgericht Frankfurt am Main ermitteln lassen. Wohlgemerkt: Nicht Bauers eigene Behörde führte die Ermittlungen durch.

Zwei Jahre lang bearbeiteten die beiden Staatsanwälte Georg Friedrich Vogel und Joachim Kügler die »Strafsache gegen Beyer u.a.«, wie das Verfahren[14] ursprünglich hieß.

Neben der Ermittlung von über 1.000 Beschuldigten und der Vernehmung von circa 1.200 Zeugen werteten sie Dokumente und Gerichtsakten aus und verschafften sich durch das Studium der Fachliteratur die erforderliche Sachkunde. Im August 1960 reisten die beiden Dezernenten nach Warschau und an den Tatort Auschwitz. In den Archiven der Hauptkommission zur Untersuchung der Nazi-Verbrechen in Polen (Warschau) und der Gedenkstätte Auschwitz-Birkenau studierten sie Quellen und erhielten von den polnischen Stellen, die mit der Frankfurter Strafverfolgungsbehörde eng kooperierten, viele Dokumente in Ablichtung.

[14] Der SS-Schütze Johann Beyer ist in den Dokumenten aufgeführt, die im Januar 1959 Bauer zugesandt worden sind. Im BGH-Beschluss vom 17.4.1959 wird Beyer an erster Stelle genannt. Später hieß das Verfahren »gegen Baer u.a.«, nach dem Tod von Baer (Mitte 1963) »gegen Mulka u.a.«.

Die Auswertung der Quellen war für das Sachwissen der Anklagevertreter grundlegend. Sachbeweise bezüglich der Tatvorwürfe gegen bestimmte Beschuldigte fanden sich in den überlieferten Dokumenten aber kaum.

Mitte 1961 hatten die beiden Strafverfolger den »Verbrechenskomplex Auschwitz« soweit aufgeklärt, dass sie gegen 24 Beschuldigte die gerichtliche Voruntersuchung beantragen konnten.[15] Der beauftragte Untersuchungsrichter des Landgerichts Frankfurt am Main, Heinz Düx, hat sodann das schwierige Verfahren konsequent fortgeführt. Anders als an vielen Landgerichten geschehen, verschleppte er das NS-Verfahren nicht, sondern machte sich mit Fleiß und Energie an die ihm gestellte Aufgabe, Beweise zu sichern und zu ermitteln. Sein Engagement in der Sache führte freilich dazu, dass die gerichtliche Voruntersuchung 14 Monate in Anspruch nahm. Als Düx im Oktober 1962 die Voruntersuchung endlich schloss, dauerte es ein halbes Jahr, bis die Staatsanwaltschaft die Anklageschrift (April 1963)[16] vorlegte. Ein weiteres halbes Jahr verging, bis die Eröffnungskammer des LG Frankfurt am Main nach Prüfung der Ermittlungsergebnisse das Hauptverfahren (Oktober 1963)[17] eröffnete. Ein ganzes Jahr war also seit der Schließung der gerichtlichen Voruntersuchung bis zur Eröffnung des Hauptverfahrens vergangen.

Die lange Dauer des Gesamtverfahrens brachte es mit sich, dass Beschuldigte (bzw. Angeklagte) jahrelang in Untersuchungshaft saßen. Für den Strafrechts- und Strafvollzugsreformer Bauer war es gewiss nicht akzeptabel, dass Beschuldigte mehr als fünf Jahre in U-Haft (Wilhelm Boger

[15] Voruntersuchungsantrag, in: Fritz Bauer Institut (FBI), FAP-1/HA-52, Bl. 9379–9547 und in: *Auschwitz-Prozeß, DVD-ROM*, S. 1.377–1.646.

[16] Anklageschrift, FBI, FAP-1/HA-78–80, Bl. 14.605–15.304 und in: *Auschwitz-Prozeß, DVD-ROM*, S. 1.838–3.025.

[17] Eröffnungsbeschluss, FBI, FAP-1/HA-88, Bl. 17.069–17.104 und in: *Auschwitz-Prozeß, DVD-ROM*, S. 4.593–4.649.

seit Anfang Oktober 1958) gesessen hatten, bis endlich der Prozess Ende Dezember 1963 begann.

Ein weiterer wichtiger Aspekt war, dass Zeugen, die in der Hauptverhandlung vernommen worden sind, sich nunmehr anders an Ereignisse erinnerten, als sie Jahre zuvor im Rahmen des Vorverfahrens (Mitte 1959 bis Herbst 1962) angegeben hatten. Schwierig war für das erkennende Gericht oft die Bewertung von Zeugenbeteuerungen, sich später (nämlich in der Hauptverhandlung) besser als früher (bei der polizeilichen, staatsanwaltschaftlichen, richterlichen oder kommissarischen Vernehmung) an die rund 20 Jahre zurück liegenden Ereignisse erinnern zu können. Die durch den Zeitablauf bedingte fehlende Aussagekonstanz vermehrten mithin die ohnehin nicht geringen Beweisschwierigkeiten.

Die Äußerung Bauers, den an den Gerichtsort Frankfurt am Main gekommenen Überlebenden sei zu viel leidvolle Erinnerung im Zeugenstand zugemutet worden, ist von großer Bedeutung. Mangels Urkunden konnte nur der Zeugenbeweis die Angeklagten des Mordes beziehungsweise der Mordbeihilfe überführen. Ihre individuelle Schuld war nur durch glaubwürdige und zuverlässige Zeugen nachzuweisen. Zeugen waren das alleinige Beweismittel, auf das sich die Frankfurter Richter bei ihrem schwierigen Versuch der Wahrheitserforschung stützen mussten. Da die geladenen vormaligen SS-Angehörigen von Auschwitz ihrer Zeugenpflicht zumeist nicht nachkamen, war es die Stimme der Opfer, der wenigen Davongekommenen, die gegen die Täter zeugte.

Zeugenschaft des Holocaust ist unvermeidlich mit wiedererlebtem Leid verbunden. Bauer wusste dies und bedauerte, dass so viele Überlebende in den Vernehmungen vor Gericht, im Angesicht der Täter, an ihre unvergänglichen Leiden erinnert werden mussten. Die Angeklagten, die die Opferzeugen nur in Uniform und Schaftstiefeln im Lager erfahren hatten, saßen ihnen nunmehr als zivile Biedermänner gegenüber, in nicht wenigen Fällen arrogant und überheblich. Für Opferzeugen aus dem Ausland war das Betreten deutschen Bodens eine nicht geringe psychische Belastung.[18] Ins Land der Täter geladen, fürchteten nicht wenige um ihr Leben. Unter den Bundesdeutschen waren – teils unerkannt, teils wohlgelitten – zudem nicht wenige Täter. Um Opferschutz kümmerte sich die Justiz in den 1960er Jahren nicht. Viktimologie war nicht nur ein Fremdwort, es gab sie damals nicht.

Privater Initiative von geschichtsbewussten Frauen und von Ordensschwestern war es zu verdanken, dass die Opferzeugen wenigstens eine mitmenschliche Betreuung während ihres Aufenthalts in Frankfurt am Main erfuhren. 1968 wurden Emmi Bonhoeffer, Ursula Wirth, Barbara Minssen und Hilde Müller – zu Ehren dieser Frauen seien ihre Namen ausdrücklich genannt – mit der Theodor-Heuss-Medaille für ihre »konkrete Humanität«, wie Ralf Dahrendorf[19] in seinem Festvortrag anlässlich der Verleihung sagte, geehrt.

So notwendig die Aussagen der Opferzeugen waren, um die Täter zu überführen und die Öffentlichkeit mit den deutschen Verbrechen zu konfrontieren, so wichtig die durch die Staatsanwaltschaft und die Nebenklagevertretung zu Gehör gebrachte Stimme der Opfer war, so vergeblich und zwecklos muss vielen Überlebenden angesichts des Prozessergebnisses

[18] Einige Opferzeugen waren bereits im Rahmen des Vorverfahrens nach Frankfurt am Main gekommen. Durch die Begegnung mit den beiden Staatsanwälten Kügler und Vogel und später mit dem Untersuchungsrichter Düx fassten sie oftmals Vertrauen zu den Menschen, die in den Augen der Überlebenden aufrichtig und engagiert an der Aufklärung der NS-Verbrechen beteiligt waren. Bauers Person spielte gleichfalls eine große Rolle. Einige Zeugen wussten, dass er selbst KZ-Häftling und Emigrant gewesen war. Siehe die Briefe der Zeugen Paczuła, Pýs und Pilecki Ende 1959 an die StA Frankfurt am Main (Hessisches Hauptstaatsarchiv, Abt. 461, Nr. 37638/243 (Handakten der StA FFM), Bl. 139–144).

[19] In: *Vom rechten Gebrauch der Freiheit.* Ein zeitgeschichtliches Lesebuch in Dokumenten 1964 bis 1974, hrsg. von der Stiftung Theodor-Heuss-Preis e. V., München: List Verlag, 1974, S. 153.

im Nachhinein ihre Erinnerungspflicht erschienen sein, die sie in großer Selbstbelastung und -überwindung auf sich genommen hatten.

Wie unterschiedlich Überlebende das Problem der Zeugenschaft beurteilten, mögen zwei Beispiele zeigen. Imo Moszkowicz, Überlebender des Konzentrationslagers Buna/Monowitz[20], legte in einem Brief an das Landeskriminalamt von Nordrhein-Westfalen mit Blick auf die Ermittlungen der Frankfurter Staatsanwaltschaft Dilemmata und Folgen der erbetenen Zeugenschaft dar:

»Die Eindrücke aus dieser Zeit haben sich im Laufe der Jahre so verschoben und auch verworren, dass es mir nicht möglich ist, Ort und Zeit von ›Begebenheiten‹ auch nur annähernd wiederzugeben. Ich wollte und musste in den Jahren danach vergessen. Mir fallen Namen überhaupt nicht mehr ein – ja, ich erinnere mich kaum noch an Aussehen und Namen mir befreundeter Kameraden. Erst wenn mir jemand erzählt, dass das so-und-so und da-und-dort war, hilft mir meine Erinnerung. Wenn meine Alpträume gerichtlich vorzubringen wären, dann wäre ich sicherlich ein wichtiger Zeuge (Außer Angstschweiß bleibt aber am Morgen nicht viel). Ich kann Vorgänge bestimmt nicht beeiden, weil ich auch mit größter Anstrengung nicht recht weiß, ob ich es nur gehört oder ob ich es selbst erlebt habe.«[21]

Die traumatischen Erfahrungen des Häftlings Moszkowicz, dessen Mutter und sechs Geschwister, aus Ahlen in Westfalen stammend, von den Deutschen ermordet worden waren, sind anders zu betrachten als die Erlebnisse, die zum Beispiel politische Häftlinge in der Zeit der nationalsozialistischen Verfolgung machten. Politisch Verfolgte definierten

---

[20] Siehe Imo Moszkowicz, *Der grauende Morgen. Eine Autobiographie,* München: Verlag Boer, 1996; München: Droemersche Verlagsanstalt Th. Knaur Nachf., 1998; Münster: LIT Verlag, 2004.

[21] Schreiben vom 12.10.1960, FBI, FAP-1/HA-9, Bl. 6.909.

sich während ihrer Lagerhaft und in der Zeit danach meist in einem funktionalen Sinne. Als Antifaschisten, als Nazi-Gegner sahen sie sich als aus guten, politisch motivierten Gründen Handelnde, die sich Zwecke gesetzt hatten, die selbst in der Verfolgung durch den politischen Feind noch einen historischen Sinn zu erkennen vermochten.

Ein politischer Häftling wie Hermann Langbein, der seit Mitte der 1950er Jahre als Funktionär von Häftlingsorganisationen tätig war, die Verfolgung der NS-Täter und die Aufklärung über die NS-Verbrechen sich auf seine Fahnen geschrieben hatte, betrachtete seine Rolle als Überlebender und Zeuge demnach ganz anders. Am Ende seiner Vernehmung im Auschwitz-Prozess sagte er:

»Ich habe das Bedürfnis, bevor ich hier den Sessel verlasse, etwas zu sagen auch zu meiner Tätigkeit im Zusammenhang mit der Vorbereitung des Prozesses. Ich habe mehrere Dokumente und Aussagen und Zeugenadressen geliefert dem Gericht, um den Prozessverlauf zu erleichtern. Ich möchte hier folgendes sagen: Ich tat das deswegen, weil ich die Verpflichtung als Überlebender von Auschwitz, der gesund geblieben ist, geistig und körperlich, fühle, alles, was in meiner Kraft steht, zu tun, damit sich ein Auschwitz unter keinem Vorzeichen und in keinem Land wiederholt. Und ein Teil davon ist meiner Überzeugung nach auch diese Tätigkeit.«[22]

---

[22] *Auschwitz-Prozeß, DVD-ROM,* S. 5.545. – Langbein hat um die Gefühle gewusst, die viele Zeugen hatten. In einem ersten Kommentar nach dem Urteil schreibt er: »Niemand wird ganz ermessen, welche seelische Belastung es für jeden Einzelnen bedeutet hat, seine Erinnerung mit allen schrecklichen Einzelheiten wieder völlig wachzurufen, sich provozierenden Fragen einzelner Verteidiger auszusetzen, die Mörder von damals wiedersehen zu müssen.« (Hermann Langbein, »Das Urteil im Auschwitz-Prozess ist verkündet«, in: *Freiheit und Recht. Zentralorgan der Widerstandskämpfer und Verfolgtenverbände*, Jg. 11 (Oktober 1965), Nr. 10, S. 15)

Zeugenschaft, begriffen als Vermächtnis den Ermordeten gegenüber, als Aufklärungspflicht im Bestreben, eine bessere Zukunft zu schaffen, ist meist bei politischen Häftlingen sowie bei Verfolgten zu finden, die in ihren von Deutschen okkupierten Heimatländern ihrer nationalen Zugehörigkeit wegen verhaftet worden sind.

Der Sieg über den »Faschismus« wiederholte sich sozusagen auf persönlicher Ebene. Die einstigen Verfolgten standen den vormaligen Verfolgern gegenüber, die jetzt auf der Anklagebank saßen und für ihre Verbrechen einzustehen hatten. Die Rollen hatten sich getauscht. Manch einer der Zeugen mag ein Gefühl des Triumphes verspürt haben.[23]

Jüdische Überlebende hingegen, meist die Letzten, die Übriggebliebenen, der Rest ganzer Familien (Scherit Hapleta), vermochten ihrem Verfolgtenschicksal keinen Sinn abzugewinnen, die meisten konnten und wollten in den ersten Jahren nach ihrer Befreiung über die Zeit ihres geraubten, von den Deutschen abgesprochenen Menschseins nicht sprechen. Ein Strafverfahren gegen die Mörder ihrer Nächsten und Liebsten vor einem Gericht im erstarkten Nachkriegsdeutschland war gewiss kein Vorgang, der bei den von Überlebensschuld gezeichneten, gequälten Menschen Rechtsvertrauen und Aussagebereitschaft geweckt hätte.

Unzweifelhaft litten viele Zeugen bei ihrer Vernehmung. Das freche Auftreten von Angeklagten, die in ihren Fragen und Erklärungen am Ende einer Zeugenvernehmung häufig kein Blatt vor den Mund nahmen, auch die Fragen mancher Verteidiger, verletzten die Opferzeugen zutiefst.

Der aus Moskau angereiste Zeuge Pjotr Mischin schrieb über seine Erfahrungen im Prozess:

»Frankfurt verließ ich deprimiert, und nicht nur, weil grauenhafte Szenen aus Auschwitz in meinem Gedächtnis

---

[23] Siehe Mieczysław Kieta, »Ich kenne Sie von Auschwitz«, in: *Deutsch-polnische Hefte*, Jg. 7 (1964), H. 4, S. 234–235.

wiedererstanden waren. Ich konnte mich nicht damit abfinden, dass 20 Jahre nach dem Zusammenbruch des Faschismus ich, der seine Schrecken erlebte, vor Gericht fast wie ein Angeklagter behandelt worden war.«[24]

Ob Opferzeugen gleichsam Trost und Genugtuung verschaffende Erwartungen hinsichtlich des Urteilsspruchs gehabt haben, wissen wir im Einzelnen nicht. Das Urteil vom 19./20. August 1965[25] hat bei den Organisationen der NS-Verfolgten viel Kritik gefunden. Die zeitigen Zuchthausstrafen für die als Gehilfen qualifizierten Angeklagten und die drei Freisprüche stießen auf heftigen Protest und strikte Ablehnung.

Zu 3.

Bauers Anmerkung über mögliche Alternativen ist mit Blick auf die herrschende Rechtsprechung in den 1960er Jahren wenig erhellend. An dieser Stelle ist Bauers von der herrschenden Meinung abweichende Rechtsauffassung im Hinblick auf die NS-Verbrechen knapp zu erörtern.

Bauer ging davon aus, dass die Mitwirkung an den NS-Massenmorden rechtlich nicht so zu fassen ist, dass den beteiligten SS-Angehörigen Einzeltaten nachzuweisen seien. Der konkrete Beweis der persönlichen Beteiligung an strafbaren Handlungen war im Falle der Angeklagten des Auschwitz-Prozesses, die im Rahmen eines eingespielten, arbeitsteilig organisierten Apparats bestimmte Funktionen ausübten, oft schwer möglich und in der Sache auch

[24] Pjotr Mischin, »Als Zeuge der Anklage in Frankfurt am Main«, in: *Neue Zeit. Wochenschrift für Weltpolitik*, Jg. 22 (16.12.1964), Nr. 50, S. 31.

[25] Siehe Raphael Gross, Werner Renz (Hrsg.), *Der Frankfurter Auschwitz-Prozess (1963–1965). Kommentierte Quellenedition.* Mit Abhandlungen von Sybille Steinbacher und Devin O. Pendas, mit historischen Anmerkungen von Werner Renz und juristischen Erläuterungen von Johannes Schmidt, 2 Bde, Frankfurt am Main, New York: Campus Verlag, 2013.

unangemessen. Da die Angeklagten in bestimmten Funktionsstellen ihren Dienst in Auschwitz versahen, leisteten sie kausale Tatbeiträge zum Vernichtungsgeschehen.

Im Falle der Exzesstäter, die die Aufmerksamkeit der Prozessberichterstatter und -besucher erregten und deren zahllose Untaten viel Raum in den Presseartikeln einnahmen, hätte es sicherlich genügt, ihnen im Einzelfall konkrete Morde nachzuweisen.

Was die Beweisaufnahme im Falle der Angeklagten betrifft, die ausschließlich im Rahmen ihres Dienstes, sprich: der Lageralltagsroutine, an den Massenverbrechen mitwirkten, liegen die Dinge anders. Im Sommer 1944 hatten alle SS-Führer der Abt. SS-Standortarzt Rampendienst zu verrichten. Nicht nur Ärzte, auch Zahnärzte und Apotheker wurden zum Selektieren auf die Rampe beordert. Wie viele SS-Führer Entscheidungen über Leben und Tod der Deportierten trafen, wie sich Selektionskommissionen bei den einzelnen Transportankünften zusammensetzten, welchen Handlungsspielraum, welche Tatherrschaft die Beteiligten hatten, war nicht einfach festzustellen. Um in diesen Fällen nach Maßgabe der subjektiven Teilnahmetheorie zweifelsfreie Tatsachenfeststellungen treffen zu können, war die Vernehmung vieler Zeugen notwendig. Im Fall des Angeklagten Victor Capesius, der bis zuletzt beteuerte, auf der Rampe nicht selektiert zu haben, haben zwölf Zeuginnen und Zeugen den SS-Apotheker auf der Rampe gesehen. Die Aussagen von sieben Überlebenden erachtete das Gericht als beweiskräftig. Die fünf übrigen Zeugen trugen aber mit ihren Aussagen zu dem Bild bei, das sich die Tatrichter von der Persönlichkeit des Angeklagten zu machen versuchten. Die Ladung und Vernehmung vieler Zeugen war mithin für die richterliche Wahrheitserforschung von Bedeutung.

Vormalige SS-Führer wie Robert Mulka, Karl Höcker, Victor Capesius, Franz Lucas und Willy Frank wurden wegen gemeinschaftlicher Beihilfe zum gemeinschaftlichen

Mord in wenigen Fällen (zwischen drei bis sechs Fällen) zu Zuchthausstrafen zwischen dreieinviertel und vierzehn Jahren verurteilt.

Ein Fall bedeutete bei diesen Angeklagten die von Zeugen glaubhaft geschilderte Teilnahme an der Selektion eines Todeszuges der Deutschen Reichsbahn. In der Regel wurden zwei Drittel der deportierten Juden unmittelbar nach der Ankunft vergast. Ein Fall hieß somit: Mitwirkung an der Vernichtung von 1.000 bis 2.000 Menschen. Die Zahl der Fälle und die Zahl der einem bestimmten Fall zugerechneten Opfer spielten aber für die Strafzumessung eine untergeordnete Rolle. So wurde der SS-Arzt Lucas für seine Beihilfe zum Mord in mindestens vier Fällen an mindestens je 1.000 Menschen (Mindestopferanzahl: 4.000 Menschen) zu dreieinviertel Jahren Zuchthaus verurteilt, der ehemalige Adjutant Mulka hingegen wegen Beihilfe zum Mord in mindestens vier Fällen an mindestens je 750 Menschen (Mindestopferanzahl: 3.000 Menschen) zu 14 Jahren Zuchthaus.

Für die Strafzumessung war somit weniger die Zahl der Fälle, auch nicht die Zahl der Opfer eines Falles von Bedeutung. Die Funktionsstellung, der Handlungsspielraum, die Tatherrschaft sowie die Bewertung der »inneren Tatseite«, der »Willensrichtung« eines Angeklagten, gaben den Ausschlag.

Die vielen Zeugenaussagen waren es aber gewesen, die dem erkennenden Gericht Hinweise lieferten, um Feststellungen über das individuelle Verhalten eines Angeklagten in Auschwitz machen zu können. Nicht nur die als Schuldnachweis verwendbaren Aussagen waren folglich von Bedeutung. Auch die Bekundungen der Überlebenden, die nur Aspekte der Persönlichkeit des Angeklagten erhellten und ihm keine strafrechtlichen Handlungen zum Vorwurf machten, flossen in die Urteilsfindung ein.

Fritz Bauers bilanzierende Selbstkritik hinsichtlich der Anzahl der Opferzeugen, die im schmerzlichen Wiedererleben des Erlittenen ihre Aussagen machten, ist deshalb unbegründet.

»GERECHTIGKEIT ERHÖHET EIN VOLK.«[1] AUSCHWITZ-PROZESS UND SPRINGER-PRESSE

Wenige Tage vor Weihnachten 1963 – die Bundesrepublik Deutschland hatte im Verlauf des Jahres den Rücktritt der Vaterfigur Konrad Adenauer und einen Neuanfang mit dem wenig charismatischen Wirtschaftsfachmann Ludwig Erhard als Bundeskanzler verkraften müssen – sah sich die Redaktion der *Bild*-Zeitung veranlasst, auf Seite 3 des Blattes, in großer Aufmachung komplett dem Frankfurter »Prozess gegen die Massenmörder« gewidmet, eine gewichtige Mitteilung an ihre Millionen Leserinnen und Leser zu machen.

Das bevorstehende Strafverfahren gegen Personal des Konzentrations- und Vernichtungslagers Auschwitz und die journalistisch gebotene Berichterstattung über den bis dato umfangreichsten NS-Prozess in der bundesdeutschen Geschichte erforderten augenscheinlich prinzipielle Begründungen und Bekenntnisse.

»Noch vier Tage bis Heiligabend – und heute beginnt der Auschwitz-Prozeß«:[2] Mit dieser Ankündigung begann die *Bild*-Redaktion am 20. Dezember 1963 ihre Mitteilung. Die weihnachtlich gestimmten Deutschen für einen Strafprozess gegen NS-Täter zu gewinnen war ein schwieriges journalistisches Unterfangen. *Bild* bekannte sich – der Schlussstrichmentalität vieler Deutscher zuwider – mit aller Klarheit zu einer rückhaltlosen justiziellen Aufarbeitung der NS-Vergangenheit:

---

[1] Gerhard Mauz, »Achtzehn Jahre nach Auschwitz«, in: *Die Welt* vom 19.12.1963 (Zitat = Sprüche Salomos 14,34).

[2] *Bild* vom 20.12.1963.

»Nicht nur den sanften Kerzenschimmer beschert uns die Weihnachtszeit, sondern auch eine flammende Rückblende auf die Epoche der Grausamkeit, des Hasses, der Mordlust.«

Der Neigung nicht weniger Deutscher, sich ausschließlich der erquicklichen Wirtschaftswundergegenwart und der vielversprechenden Zukunft zuzuwenden und die ebenso leidige wie lästige Vergangenheit endlich auf sich beruhen zu lassen, trat *Bild* entgegen:

»Nicht wenige sagen: Gebt endlich Ruhe! Warum wieder aufrühren, was die Welt – endlich – nach und nach zu vergessen beginnt? Breitet gerade jetzt, zum Christfest, den Mantel der Liebe über die Untaten der schrecklichen Jahre unter der Herrschaft der braunen Unmenschen!«

Bild bekundete Verständnis für das Verlangen nach Normalität, appellierte aber an das christliche Selbstverständnis der Deutschen:

»So begreiflich dieses Vergessenwollen ist – wenn es um Mörder und Sadisten geht, darf es keine Ruhe, kein Verschweigen geben. Gerade jetzt nicht. Wenn Weihnachten ein Fest der Nächstenliebe, der Einkehr, der Besinnung auf das Menschliche im Menschen sein soll, dann kann dieser Prozeß jetzt – gerade jetzt stattfinden!«

Fett gedruckt und unterstrichen heißt es sodann im Pluralis Majestatis:

»Wir wollen keine Rache – wir wollen Recht!

Wir wollen, daß niemand eines Tages mit dem Finger auf uns zeigen kann: Dieses Volk hat vor dem, was in seiner Mitte geschah, die Augen zugemacht!

Wir wollen, daß wir uns vor der Welt wieder Gerechte nennen dürfen – ohne die Augen niederschlagen zu müssen.«

Bild bekundete stellvertretend für ein postuliertes Volk geschichtsbewusster Deutscher Zustimmung zur Ahndung der NS-Verbrechen – und verfolgte dabei unverblümt ein nationales, patriotisches Projekt: Die Deutschen, ökonomisch längst wieder wer in der Welt, sollten mittels der justiziellen

»Bewältigung« der NS-Vergangenheit ihre moralische Aufwertung betreiben können. Die erklärte Bereitschaft zur Aburteilung von einigen tatnahen Tätern (»Mördern« und »Sadisten«) sollte dazu beitragen, den stigmatisierten Deutschen einen gleichberechtigten Platz in der Völkergemeinschaft zu verschaffen. Seinen Anspruch auf nationale Einheit und Unabhängigkeit sollte sich das deutsche Volk, in zwei Staaten geteilt, in konkurrierenden Machtblöcken seiner Souveränität beraubt, unfreiwillig und »schicksalshaft« einander konfrontiert, durch sein ausdrückliches und erklärtes Streben nach Recht und Gerechtigkeit verdienen.

Bereits drei Jahre zuvor, in der Berichterstattung über die Verhaftung des letzten Kommandanten von Auschwitz, Richard Baer, wandte sich die *Bild*-Zeitung eindringlich und mahnend an ihre Leserschaft:

»Deshalb! ›Laßt doch dieses Thema endlich ruhen!‹ So sagt mancher und will sich damit an dem Grauen der KZ vorbeidrücken. So einer merkt nicht, daß die Welt uns Deutschen auch nach 15 Jahren noch kein sanftes Ruhekissen zubilligt. Noch heißt es oft: ›Die Deutschen, die haben das getan.‹ Es ist ein Vorwurf gegen uns alle. Davon müssen wir freikommen. Wir – und unsere Kinder. Deshalb müssen die wirklich Schuldigen gesucht, gefaßt und abgeurteilt werden. Deshalb. Sie, die Eichmanns und die Baers, haben Verbrechen begangen. Sie sollen sühnen!«[3]

Die vom Strafrecht notwendig geforderte Individualisierung der Verbrechen, die unabdingbare Zurechnung von Taten einzelnen Tätern gegenüber, war für *Bild* ein günstig erscheinender Anlass, unter den Deutschen die scheinbar

---

[3] *Bild* vom 22.12.1960. Adolf Eichmann war im Mai 1960 von Mitarbeitern des israelischen Geheimdienstes Mossad entführt und nach Israel verbracht worden. Siehe Werner Renz (Hrsg.), *Interessen um Eichmann. Israelische Justiz, deutsche Strafverfolgung und alte Kameradschaften*, Frankfurt am Main, New York: Campus Verlag, 2012.

wenigen schwarzen Schafe (»die wirklich Schuldigen«) von den vorgeblich vielen anständig gebliebenen Deutschen zu trennen. Durch die Aburteilung einer Handvoll NS-Verbrecher konnten sich somit die Deutschen insgesamt salvieren.

Dem zu Beginn des Prozesses formulierten hehren Anspruch der *Bild*-Redaktion werden die untersuchten Artikel nicht gerecht. Die Prozessbeobachtung und -berichterstattung war der Redaktion trotz der guten Vorsätze augenscheinlich bloße journalistische Routine. Zeitweise kam die Zeitung lediglich mit knappen Agenturmeldungen ihrer Chronistenpflicht nach.

Auffällig in der Berichterstattung über die Vernehmung der Angeklagten zu Person und Sache sind begriffliche Unschärfen. Offensichtlich mit juristischen Kategorien wenig vertraut, ist mit Blick auf die Angeklagten unterschiedslos von »Massenmördern«, »Kriegsverbrechern« [sic!], »Gehilfen Eichmanns« und »Helfern« die Rede.[4] Die 22 Angeklagten werden den Lesern mit Hilfe von »Steckbriefen« präsentiert. Die angeführten einzelnen Tatvorwürfe auf der Basis der von der Anklagebehörde veröffentlichten Presseinformation Nr. 1 vom 6. Dezember 1963[5] verschaffen jedoch schwerlich ein Bild über den Tatkomplex Auschwitz, über den durch das Großverfahren umfassend aufzuklären die erklärte Absicht der Anklagevertretung war. Die strafrechtlich gebotene Einzeltatfeststellung erschwerte es der Presse, die Dimension der Massenverbrechen in Auschwitz, das Menschheitsverbrechen, adäquat darzulegen. Auschwitz reduziert sich in der journalistischen Berichterstattung auf

[4] *Bild* vom 20.12.1963.

[5] Siehe *Der Auschwitz-Prozeß. Tonbandmitschnitte, Protokolle und Dokumente, DVD-ROM*, hrsg. vom Fritz Bauer Institut und dem Staatlichen Museum Auschwitz-Birkenau, Berlin: Directmedia, 2005, 2., durchges. u. verb. Aufl., S. 4.650–4.705. Die Presseinformation umfasst 42 Blatt.

eine Vielzahl von meist sadistischen Untaten, die von geistig simplen »Gehilfen«, von denen sich zu distanzieren nicht schwer fällt, begangen worden sind.[6]

Der Abwehrhaltung der Deutschen den NS-Prozessen gegenüber versucht *Bild* auch durch Berufung auf moralische Autoritäten zu begegnen. Am Tag der Eröffnung des Prozesses wird nicht nur Alt-Bundespräsident Theodor Heuss bemüht, sondern auch eine Instanz wie Heinrich Grüber[7] aufgeboten, um die Deutschen von der Notwendigkeit des Verfahrens zu überzeugen. Die »Pflicht« zur Ahndung der NS-Verbrechen und die »Pflicht« zur Berichterstattung werden in einem Atemzug genannt. Mit Blick auf die bevorstehende Beweisaufnahme und die Vernehmung der Opferzeugen heißt es am Schluss des Artikels vom 20. Dezember 1963 recht misslungen:

»Die tiefen Schatten der deutschen Vergangenheit werden sich noch einmal wie ein unheimlicher Abgrund vor uns auftun … Hoffentlich zum letztenmal.«

Die Ambivalenz gegenüber dem Prozess ist erkennbar: Zugleich mit der erklärten Bereitschaft, sich mit den Verbrechen zu konfrontieren, kommt der Wunsch zum Ausdruck, der Prozess möge zugleich ein willkommenes Ende der öffentlichen Auseinandersetzung mit der NS-Vergangenheit bedeuten.

Die vom Frankfurter Schwurgericht Mitte Dezember 1964 in Auschwitz geplante »Augenscheinseinnahme«, die Ortsbesichtigung, gab *Bild* Gelegenheit, auf »1 Jahr Auschwitz-Prozeß« zurückzublicken und das Verfahren Revue passieren zu lassen.[8] Der umfangreichen Darstellung

---

[6] *Bild* vom 31.12.1963.

[7] Heinrich Grüber (1891–1975), KZ-Überlebender, hatte mit seinem in Berlin 1938 eingerichteten »Büro Grüber« zur Rettung von Juden beigetragen. 1961 wurde Grüber von der Anklagevertretung als Zeuge zum Eichmann-Prozess geladen.

[8] *Bild* vom 11.12.1964.

ausgewählter Verhandlungstage, in der die Opferzeugen zu Wort kommen, folgte mit volkspädagogischem Impetus, in bewährter plakativer Manier und mit erhobenem Zeigefinger, fett und unterstrichen:

»Das ist ein winziger Ausschnitt aus dem Auschwitz-Prozeß. Das ist eine furchtbare Anklage gegen den totalitären Staat, einen Staat, der Menschen zu Bestien in Uniform machte.

Es stimmt, daß Millionen Deutsche von diesen Verbrechen nichts wußten.

Damals!

Es stimmt aber auch, daß jeder Deutsche von diesen Verbrechen wissen muß.

Heute!

Damit es niemals wieder dieses Gestern gibt!«[9]

Die unabdingbare Verurteilung des NS-Regimes und seiner Verbrechen, der angesichts von Auschwitz nahe liegende Antinazismus, bedeutete für *Bild* auch notwendig einen dezidierten Antitotalitarismus, der sich in der Gegenwart wie selbstverständlich als Antikommunismus präsentiert.

Gerade aber in Zusammenhang mit der Reise von Prozessbeteiligten nach Polen erwies es sich, durchaus eine Ironie der Geschichte, dass der Frankfurter Auschwitz-Prozess dazu beitrug, den »Eisernen Vorhang« etwas durchlässig, den »Kalten Krieg« weniger heiß zu machen.

Der an den Tatort Auschwitz gereiste *Bild*-Reporter begegnete Polen, die frei von Revanchismus, bar antideutscher Gefühle sind.[10] Die Kooperationsbereitschaft polnischer Stellen bei der so schwierigen Wahrheitserforschung im Verfahren gegen das Auschwitz-Personal beeindruckte *Bild* zutiefst. Gastfreundschaft, Offenheit, Vertrauen in die deutsche Justiz war bei vielen Polen wahrzunehmen. Durch die

---

9 Ebd.

10 *Bild* vom 15.12.1964.

Berichte über den Ortstermin im sogenannten Stammlager, das vom polnischen Staat zum Museum, zum Gedenkort, umgewandelt worden war, sowie im vormaligen Vernichtungslager Birkenau, in dem Häftlingsbaracken, Gaskammer- und Krematoriumsruinen, Verbrennungsgruben und Ascheteiche zu besichtigen waren, prägte sich Auschwitz als Symbol für die deutschen Verbrechen tief ins Bewusstsein der Zeitungskonsumenten ein. Der deutsche Tatort Auschwitz auf polnischem Boden wurde weltweit in den Reportagen über die Ortsbesichtigung als Stätte präsentiert, an der »das Unvorstellbare«, »das Unbegreifliche« vorgeblich erfahren, erlebt und gefühlt werden konnte.

Nicht ganz jedoch ließ sich die Ost-West-Konfrontation im Auschwitz-Prozess vermeiden. Die Zulassung von in der DDR lebenden Nebenklägern und ihre Vertretung durch den Ost-Berliner Rechtsanwalt Friedrich Karl Kaul bot viele Anlässe, Abgrenzung zu betreiben, Systemkonfrontation zu suchen. »Pankows Star-Anwalt Kaul«[11] beantragte die Ladung von in der DDR lebenden Zeugen, die jedoch vor dem Frankfurter Schwurgericht nicht immer die beste Figur machten. Für Verteidiger wie Hans Laternser, in Verfahren gegen NS-Täter seit Nürnberg geübt, waren DDR-Zeugen wie der Major der Nationalen Volksarmee Alois Eisenhändler oder der Minister für Industrie Erich Markowitsch willkommener Anlass, Kalten Krieg im Gerichtssaal zu spielen. Laternser stellte an die Zeugen, die Auschwitz überlebt hatten, Fragen zur Mitwirkung am Schießbefehl-Erlass und am Bau der Berliner Mauer. Als Hans Hofmeyer, Vorsitzender Richter im Prozess, den Dienst an der innerdeutschen Grenze, an der Menschen erschossen wurden, zumindest als Mordbeihilfe qualifizierte, spendete *Bild* dem Juristen großes Lob. Der mit »Bravo, Herr Richter!« betitelte Artikel schloss mit dem Kommentar: »Landgerichtsdirektor Hofmeyer hat

[11] *Bild* vom 26.9.1964.

nichts anderes getan als das: Bei der Bewältigung der Vergangenheit auch an die unbewältigte Gegenwart zu denken. Hut ab vor diesem Richter.«[12]

Der für die Beweisaufnahme wenig ergiebige Auftritt von Minister Erich Markowitsch, der im Werk »I.G. Auschwitz O/S« für den Chemiekonzern Interessengemeinschaft Farbenindustrie AG Sklavenarbeit hatte leisten müssen, und der Antrag Laternsers, Haftbefehl gegen das Mitglied der DDR-Regierung wegen des Schießbefehls zu erlassen, fand in *Bild* unter der Überschrift »Dieser Minister ist ein Verbrecher«[13] ausführliche Berücksichtigung. Kaul, vom SED-Regime beauftragt, auch politisch-propagandistische Interessen[14] in Frankfurt am Main zu vertreten, stellte Strafanzeige gegen *Bild*. Das Boulevardblatt geizte nicht mit Worten und bezeichnete den ganzen Ost-Berliner Ministerrat als »Verbrecher«.[15]

Im Flaggschiff des Springer-Imperiums, in der Tageszeitung *Die Welt*, wurde kontinuierlich und auf breitem Raum über das Frankfurter Verfahren berichtet. Einzig die *Frankfurter Allgemeine Zeitung* und die *Frankfurter Rundschau* berichteten häufiger über den Prozess.[16] Kein Geringerer als Gerhard

---

12 Ebd.

13 *Bild* vom 5.2.1965.

14 Siehe Anette Rosskopf, »Anwalt antifaschistischer Offensiven. Der DDR-Nebenklagevertreter Friedrich Karl Kaul«, in: *»Gerichtstag halten über uns selbst ...«. Geschichte und Wirkung des ersten Frankfurter Auschwitz-Prozesses*, hrsg. im Auftrag des Fritz Bauer Instituts von Irmtrud Wojak, Frankfurt am Main, New York: Campus Verlag, 2001, S. 141–161.

15 *Bild* vom 13.2.1965.

16 Siehe Jürgen Wilke u.a., *Holocaust und NS-Prozesse. Die Presseberichterstattung in Israel und Deutschland zwischen Aneignung und Abwehr*, Köln u.a.: Böhlau Verlag,1995, S. 53. Für die *Frankfurter Allgemeine Zeitung* schrieben Bernd Naumann, Kurt Ernenputsch, Günther von Lojewski und Herbert Neumann. Für die *Frankfurter Rundschau* Gerhard Ziegler, Rudolf Eims, Uwe-Jens-Petersen, Karl-Heinz Krumm u.a.

Mauz (als Prozessberichterstatter des Nachrichtenmagazins *Der Spiegel* später berühmt geworden) war Ende 1963 für die Berichterstattung in der *Welt* zuständig. Am Vortrag des Prozessbeginns stellte Mauz auf Seite 1 des Blattes grundsätzliche politisch-moralische und zugleich gesamtdeutsche Überlegungen an. Den Wunsch der Deutschen nach Recht und Gerechtigkeit situierte er in den durch den anlaufenden Prozess so überdeutlich gewordenen historischen Kontext:

»Unser Wunsch nach Gerechtigkeit der Wiedervereinigung hat keine Berechtigung, wenn uns die Gerechtigkeit gegenüber« den Opfern von Auschwitz »nicht ebenso wichtig ist«.[17]

Und:

»Wer sich einen Deutschen nennen will, der muß mittragen, was in deutschem Namen geschah und nun ›im Namen des deutschen Volkes‹ einer Gerechtigkeit unterworfen wird, die von dieser Welt ist und also nicht mehr tun kann, als unser Bemühen um Gerechtigkeit sichtbar wiederherstellen.«[18]

Sodann:

»Untrennbar von den Leistungen unserer Geschichte ist ihr Mißlingen. Zur deutschen Geschichte gehören auch diese Verbrechen. Ein wiedervereinigtes Deutschland werden wir nur erleben, wenn wir zum ganzen Deutschland stehen.«[19]

Dass zu Deutschland auch Auschwitz gehört, ist notwendiges Bekenntnis, um im Namen des gesamten deutschen Volkes sprechen zu können. Durch den von Ost-Berlin entsandten Vertreter von Angehörigen von Auschwitz-Opfern sah sich die Springer-Presse in ihrem Alleinvertretungsanspruch jedoch beeinträchtigt. Das Ansinnen, die Zulassung

---

[17] *Die Welt* vom 19.12.1963.

[18] Ebd.

[19] Ebd. – In seine 1968 veröffentlichte Sammlung von Prozessberichten (*Die Gerechten und die Gerichteten*, Frankfurt/M., Berlin: Ullstein Verlag) hat Mauz seinen Artikel vom 19.12.1963 nicht aufgenommen.

von Nebenklägern aus der DDR als Zeichen der gebotenen Normalisierung in der Beziehung der beiden deutschen Staaten zu werten, wurde abgewiesen.

Überaus wichtig war dem Berichterstatter Mauz die Rechtsstaatlichkeit des Prozesses. Die Rechte der Angeklagten zu wahren, die rechtlichen Möglichkeiten der Verteidigung zu stärken, war ihm zu Recht Ausweis der Anstrengung der bundesdeutschen Demokratie, sich als solider Rechtsstaat zu bewähren.[20] Mit dem Auschwitz-Prozeß wolle – so Mauz – »die Bundesrepublik die menschenmögliche Ordnung und Gerechtigkeit in einer achtzehn Jahre alten Sache für alle Deutschen wiederherstellen«.[21] Jede eventuelle Missachtung rechtsstaatlicher Garantien würde demnach das Vorhaben gefährden. Mauz war so strikt auf die ordnungsgemäße und rechtliche Durchführung des Prozesses bedacht, dass er zu einem Vortrag des hessischen Generalstaatsanwalts und Initiator des Auschwitz-Prozesses, Fritz Bauer, kritische Worte fand. Am 5. Februar 1964 hatte Bauer vor rund 700 Zuhörern auf Einladung der Deutsch-Israelischen Studiengruppe an der Frankfurter Universität zum Thema »Kriegsverbrecherprozesse und politisches Bewusstsein – Dienen KZ-Prozesse der politischen Aufklärung?« gesprochen. Der hellhörige, ganz und gar dem Recht verpflichtete Journalist Mauz war, bei aller Wertschätzung für Bauer, von dessen »Nützlichkeitsüberlegungen«[22] irritiert. Politische Aufklärung, so hob Bauer in seinem Vortrag unmissverständlich hervor, ist eine der Zweckbestimmungen der NS-Prozesse. »Die Prozesse sind ein Schule für die Angeklagten und ihre und unsere Mitwelt, sicher in Deutschland, wahrscheinlich auch außerhalb seiner Grenzen. Sie sind eine Unterrichtsstunde, nicht um Fakten zu lernen, sondern aus ihnen zu lernen und die

[20] *Die Welt* vom 10.1.1964.

[21] *Die Welt* vom 21.12.1963.

[22] *Die Welt* vom 7.2.1964.

Zeichen zu verstehen.«[23] Durch Bauers funktionalistische Sicht des NS-Prozesses sah Mauz die Wirkung des Verfahrens gar »gefährdet«.[24]

Mitte Februar 1964 folgte der Korrespondent Walter Pfuhl dem Redaktionsmitglied Gerhard Mauz nach. Die Berichterstattung über die Beweisaufnahme, die Schilderung der Zeugenaussagen, ist präzise und ausführlich. Objektivität und Fairness zeichnen Pfuhls Artikel aus. Unterschiede nach dem Herkunftsland der Zeugen machte er im Gegensatz zu manchen Verteidigern nicht. Die Zuverlässigkeit und Glaubwürdigkeit der Opferzeugen standen für ihn außer Frage. Den Versuchen von Rechtsbeiständen der Angeklagten, »Ostblock«-Zeugen als bloße Erfüllungsgehilfen regierungsamtlicher Stellen zu diffamieren, schloss sich der Reporter nicht an. Hinsichtlich der Behauptung, polnische Entlastungszeugen seien nach ihrer Rückkehr in ihre Heimat Repressalien ausgesetzt, stellte Pfuhl mit Zufriedenheit die Haltlosigkeit der Verdächtigungen fest. Als in Polen bei kommissarischen Vernehmungen aufgesetzte Protokolle vom Gericht kurz vor Beendigung der Beweisaufnahme verlesen wurden, befand Pfuhl: »Entlastungen und Belastungen lösen einander ab. Der Hörer gewinnt den Eindruck: Die Polen äußerten sich vor ihren«, sie im Auftrag des Frankfurter Schwurgerichts vernehmenden polnischen »Richtern frei und furchtlos«.[25]

Bemerkenswert ist bei Pfuhls Artikeln darüber hinaus, dass er sich in Frankfurt am Main Hintergrundwissen verschafft hat. Die Aussage des Zeugen Tadeusz Hołuj, seit Anfang der 1960er Jahre Generalsekretär des Internationalen Auschwitz-Komitees, nahm der Journalist zum Anlass, von

---

[23] Fritz Bauer, »Nach den Wurzeln des Bösen fragen«, *Die Tat*, Nr. 10, vom 7.3.1964, S. 12.

[24] *Die Welt* vom 7.2.1964.

[25] *Die Welt* vom 4.5.1965.

einer Spaltung der »Auschwitzer«[26] aufgrund von politischen Differenzen zu berichten. Historisch zutreffend schrieb er, der vormalige Generalsekretär der überparteilichen Häftlingsorganisation, Hermann Langbein, wegen Kritik an den Verhältnissen in den sozialistischen Ländern politisch in Ungnade gefallen, sei »auf Betreiben der sowjetzonalen Kommunisten [...] von dem Posten des Generalsekretärs« verdrängt worden.[27] In dem Zeugen Hołuj sah Pfuhl mit großem Bedauern das »Symbol einer tragischen Entwicklung«. Die Auschwitz-Opfer des NS-Regimes, mit knapper Not der Vernichtung im Todeslager entronnen, stellten keine, die Welt mahnende Vereinigung mehr dar. Ideologisch-politischer, durch totalitäres Denken verursachter Streit verhindere gemeinsame Anstrengungen.[28]

Pfuhls Fähigkeit zu unvoreingenommener Berichterstattung zeigt sich auch in dem Umstand, dass er konkrete Beiträge des Nebenklagevertreters Kaul zur richterlichen Wahrheitsfindung zu würdigen weiß. Legte der Anwalt aus Archiven der Sowjetunion und der DDR Urkunden vor, die zweifelsfrei die Mitverantwortung von Angeklagten belegen, wird dies sachlich konstatiert. Missgriffe Kauls bei der Benennung von DDR-Zeugen werden eher mit Bedauern registriert.[29]

---

26 *Die Welt* vom 13.6.1964.

27 Ebd.

28 Pfuhl hat mit dem Auschwitz-Überlebenden und Chronisten des Auschwitz-Prozesses, Hermann Langbein, offenbar einen guten Kontakt gehabt. Siehe das Interview mit Langbein (*Die Welt* vom 9.7.1964) und Langbeins reportierte Bilanz kurz vor der Urteilsverkündung (*Die Welt* vom 13.7.1965). Einen Tag nach dem Ende des Prozesses brachte *Die Welt* einen langen Vorabdruck aus Langbeins Publikation: *Der Auschwitz-Prozeß. Eine Dokumentation*, 2 Bde., Wien: Europa Verlag sowie Frankfurt am Main: Europäische Verlagsanstalt 1965.

29 *Die Welt* vom 26.9.1964.

Der Auftritt von SS-Zeugen wurde hingegen kritisch beleuchtet. Die schuldabwehrende Beteuerung vieler, in Auschwitz zu Taten- und Wirkungslosigkeit verurteilt gewesen zu sein, nur aus Ohnmacht dem Morden keinen Einhalt geboten zu haben, traf bei ihm auf deutliche Skepsis.[30] In dem Leiter der Landwirtschaftsbetriebe des Lagers sah Pfuhl einen »typische(n) Helfer der SS-Maschinerie am Zeugentisch«.[31] Bei einem SS-Zeugen, der sich von Auschwitz hatte wegmelden können, hob Pfuhl dieses seltene Verhalten hervor.[32] Das Aufzeigen von Handlungsspielräumen, die auch SS-Angehörige in Auschwitz hatten, war dem Journalisten wichtig. Auch Befehlsempfänger, so machte er seinen Leserinnen und Lesern anhand von Beispielen deutlich, konnten eigenverantwortlich handeln und sich dem Mordgeschäft verweigern.

Nach dem Abschluss der Beweisaufnahme wurden in einer Vielzahl von Berichten die Plädoyers der Prozessbeteiligten und die »Letzten Worte« der Angeklagten ausführlich wiedergegeben. Die Artikel beschränkten sich auf eine Fülle von Zitaten und enthielten sich um der Objektivität und Neutralität der Darstellung willen jedes Kommentars. Aus der Sicht der Berichterstatter war es Sache des Gerichts, über die individuelle Schuld der einzelnen Angeklagten zu befinden. Die journalistische Zurückhaltung war Ausdruck des Gebots, ein rechtstaatliches Verfahren nicht beeinflussen zu wollen.

Am Tag der Urteilsverkündung, nach langen 20 Monaten Prozessdauer und über 180 Verhandlungstagen, bot *Die Welt* ihren neuen Mitarbeiter, den Juristen und Journalisten Hans Schueler, auf, in einem großen Leitartikel Bilanz zu ziehen.[33] In Fortsetzung der bereits von Gerhard Mauz

---

30 *Die Welt* vom 2.10.1964.

31 *Die Welt* vom 6.3.1964.

32 *Die Welt* vom 18.7.1964.

33 Hans Schueler hatte u .a. für *Welt der Arbeit* über den Prozess berichtet.

zu Prozessbeginn vertretenen Auffassung, dass allein ein strikt rechtsstaatliches Verfahren dazu beitragen könne, das Rechtsbewusstsein der Bürger zu stärken, die Bewahrung der Rechtsordnung zu gewährleisten, führte Schueler aus:

»Wenn die Prozesse ihren Sinn darin haben, den im deutschen Volk verlorengegangenen Glauben an die Geltungskraft des Rechts wieder zu beleben, wenn sie die Gewißheit neu schaffen sollen, daß das Grundgebot menschlichen Seins in dieser Welt, die Achtung vor dem Leben und der Würde des anderen, im Zeichen keiner wie immer gearteten Ideologie und keiner Staatsmacht mißachtet werden darf, dann müssen sie selbst unter dem Gebot strenger Rechtlichkeit stehen. Die Hoffnung auf eine gerechte, und das hieße, eine dem Ausmaß des Verbrechens angemessene Sühne, konnte und kann die Justiz nie erfüllen.«[34]

Die lebenslangen Zuchthausstrafen nur für diejenigen Angeklagten, die hauptsächlich eigeninitiativ und befehlslos gemordet hatten und die oftmals milden Freiheitsstrafen für die als »Gehilfen« qualifizierten Befehlsausführenden, die lediglich eine fremde Tat (den Mord an Juden, Polen u.a.) gefördert und unterstützt hatten, erachtete Schueler als unvermeidliche Konsequenz aus dem Beweisnotstand, in den das Gericht durch den langen Zeitabstand zur Tat und die damit einhergehende Beweisvergänglichkeit geraten war. Da auch in den Verfahren gegen NS-Täter die Beweisregeln strengstens zu beachten, der Schuldnachweis genauestens zu führen waren, war emphatisch artikulierte Gerechtigkeit eingedenk des in Auschwitz begangenen Menschheitsverbrechens nicht zu erlangen.[35] Indem das Frankfurter Gericht

---

[34] *Die Welt* vom 20.8.1965.

[35] Auch Rechtsanwalt Henry Ormond, der zusammen mit Rechtsanwalt Christian Raabe 15 Nebenkläger aus 13 Ländern vertrat, meinte bilanzierend: »Es ist ein faires Urteil, so wie das Verfahren fair war.« Siehe Henry Ormond, »Rückblick auf den Auschwitz-Prozeß«, in: *Tribüne. Zeitschrift zum Verständnis des Judentums,* Jg. 4 (1965), H. 16, S. 1724; siehe auch

»sich streng an die Regeln des gesetzlichen Schuldnachweises gehalten« hat, durch die Zurechnung von Einzeltaten die individuelle Verantwortung unter Beweis stellte, kommt dem Prozess Schueler zufolge eine »politische Wirkung« und eine »wahrheitserzeugende Kraft« zu.[36] Die zweifelsfreien Tatsachenfeststellungen des Schwurgerichts hätten eine allgemeine, über den einzelnen, überführten Täter hinausweisende Bedeutung: »Die Tat jedes Täters ist zugleich ein Bestandteil unserer nationalen Geschichte. Mit ihrer Ermittlung wird ein Stück dieser Geschichte geschrieben und unwiderlegbar erhärtet.«[37] Kein »Schauprozeß«, kein »politischer Prozeß«, wie die Verteidigung und »national gesinnte« Kreise von Prozessgegnern behaupteten, fand nach Schueler in Frankfurt am Main statt.

Die »Lehre von Auschwitz« sah er in einem gewandelten Staatsverständnis der Deutschen, das den universalistischen Menschen- und Grundrechten Priorität einräumt:

»Es darf in Deutschland keine Staatsräson mehr geben, die, wo sie mit den Postulaten von Recht und Menschlichkeit kollidiert, Vorrang vor ihnen beanspruchen könnte. Der Staat hat, seit jene Verbrechen in seinem Namen geschehen konnten, nicht nur den Nimbus einer vorgegebenen moralischen Autorität verloren. Die Erfahrungen des zwanzigsten Jahrhunderts haben ihm auch den mystischen Inhalt nationaler Selbstüberhöhung genommen.«[38]

Unter dem Titel »Sie wußten, daß sie verbrecherisch handelten« druckte *Die Welt* auf drei Seiten umfangreiche Auszüge aus einem stenografischen Wortprotokoll der Urteilsbegründung ab. Der redaktionelle Vorspann zeigt abermals

---

Henry Ormond, »Ein Wort zur Kritik am Auschwitz-Urteil«, in: *Allgemeine Wochenzeitung der Juden in Deutschland*, 27.8.1965, S. 2.

[36] *Die Welt* vom 20.8.1965.

[37] Ebd.

[38] Ebd.; siehe auch Robert M. W. Kempners Leserbrief zu Schuelers Leitartikel, in: *Die Welt* vom 30.8.1965.

das Bemühen auf, freiheitliche, demokratische Werte zu vermitteln. Die »Verrechtlichung« der Deutschen, die Bildung verfassungskonformer Staatsbürger auf der Basis universal anerkannter Grundwerte, ist die unabdingbare Konsequenz im Angesicht der Verbrechen, die der Auschwitz-Prozess so eindrücklich und nachhaltig den Deutschen und aller Welt vor Augen geführt hat.

Die Berichterstattung der *Welt* veranschaulicht auf eindrucksvolle Weise, welche volkspädagogischen Aufgaben diejenigen sich stellten, die fortwährend um den Bestand der bundesdeutschen Demokratie, von innen und von außen gefährdet, Sorge trugen.

Die Tatsache, dass im Auschwitz-Prozess tatnahe Täter vor Gericht standen, im Grunde genommenen bloße Handlanger der in Berlin und Oranienburg residierenden SS-Führung, wurde in der weitgehend deskriptiven und affirmativen Berichterstattung nicht thematisiert. Nach den meist ungeschoren gebliebenen Schreibtischtätern im SS-Reichssicherheitshauptamt und im SS-Wirtschaftsverwaltungshauptamt, nach den nicht wenigen SS-Führern, die wohlsituiert in der Bundesrepublik unbehelligt lebten, wurde nicht gefragt. Die materiell-rechtlichen Grundlagen der Verfahren gegen NS-Täter angesichts des »neuen Tatbestand[s] des neuen Verbrechens des staatlichen Massenmordes«[39] wurden nicht kritisch reflektiert. Die Gefahr der »Rechtsverwirrung«[40] aufgrund der überaus häufigen Qualifizierung vieler, auch hochrangiger Angeklagter als »Gehilfen« und der damit einhergehenden Strafmilderung einerseits, der Aburteilung einiger mediokrer »Exzesstäter« als Mörder andererseits,

[39] Karl Jaspers, *Wohin treibt die Bundesrepublik?*, München: Piper Verlag, 1966, S. 64.

[40] Henry Ormond, »Gedanken zum Problem der Schreibtischmörder«, in: *Tribüne. Zeitschrift zum Verständnis des Judentums,* Jg. 4 (1965), H. 14, S. 1.517.

blieb unerörtert. Die selektive Ahndung der nationalsozialistischen Verbrechen durch die bundesdeutsche Strafjustiz wurde nicht problematisiert.

Das in Frankfurt am Main durchgeführte »ordentliche« Gerichtsverfahren kann aber über die Defizite nicht hinweg täuschen, die durch Unterlassungen sowohl der Politik als auch der Justiz zu verzeichnen sind. Gesetzgeber, Strafrechtslehre und -pflege waren der Auffassung, die »deutschrechtlichen Bestimmungen«, das Straf- und Strafprozessrecht, seien ausreichende Instrumente, das deutsche Menschheitsverbrechen zu ahnden.[41] Die Subsumption von Auschwitz unter § 211 Strafgesetzbuch, die juristische Behandlung der Shoah als »normale Kriminalität«, haben Gerechtigkeit nicht hergestellt. Durch die NS-Prozesse haben sich die Deutschen schwerlich zu »Gerechten«[42] mausern können. Der fromme Wunsch der *Bild*-Redaktion an Weihnachten 1963 ging nicht in Erfüllung.

---

[41] Friedrich Dencker, »Vergangenheitsbewältigung durch Strafrecht? Lehren aus der Justizgeschichte der Bundesrepublik«, in: *Kritische Vierteljahresschrift für Gesetzgebung und Rechtswissenschaft,* Jg. 73 (1990), H. 3/4, S. 300.

[42] *Bild* vom 20.12.1963.

FRITZ BAUER IM DOKUMENTAR- UND SPIELFILM

Sachkunde ist eine notwendige Voraussetzung, um über das vielfältige Wirken Fritz Bauers angemessen arbeiten und publizieren zu können.

Bauer war eine überaus komplexe Persönlichkeit: Ein an das überkommene, geltende Recht gebundener Strafverfolger; ein (der sozialen Verteidigung dienendes) Behandlungsrecht fordernder, progressiver Kriminalpolitiker; ein öffentlicher, an den Fortschritt der Wissenschaften glaubender Optimist; ein privater, sein Tun und Lassen selbstkritisch in Frage stellender Skeptiker. Auch ein glühender Patriot und ein leidenschaftlicher Menschenfreund und zugleich ein radikaler Diagnostiker der deutschen Misere ist er gewesen.

All dies und vieles mehr – nicht als unvereinbare Gegensätze, vielmehr als essentielle Facetten einer historischen Gestalt im Jahrhundert der Barbarei. Viele Herzen schlugen in Bauers Brust. Ein Mann von funkelnder Intelligenz, umfassendem Wissen und klassischer Bildung, von heißer Menschenliebe und verzehrender Sorge um das Menschengeschlecht umgetrieben. Leidenschaftlich und engagiert, rastlos und unermüdlich, selbstlos und aufopfernd arbeitete er nicht nur in seinem Amt.

Liest, sieht und hört man Fritz Bauer, so drängt sich der Eindruck auf, dass er an der Welt und ebenso an sich selbst nicht wenig litt, dass er gewiss ein couragierter Streiter und mutiger Kämpfer, aber auch ein seelisch Verletzter und innerlich Versehrter gewesen war.

Die historische Gestalt Fritz Bauer zu verstehen und in Wort und Bild darzustellen, erfordert Wissen und Kenntnisse auf so vielen Sachgebieten, dass es beinahe unmöglich scheinen will, diesem Mann, den die Freundin Helga Einsele[1] einen zu früh Gekommenen nannte, gerecht werden zu können.

Fritz Bauer im Dokumentarfilm

Bauer wurde erst Anfang der Neunziger Jahre der Vergessenheit entrissen. In Frankfurt am Main fanden 1993, veranstaltet von der Justiz, dem Hessischen Rundfunk und von dem im Aufbau befindlichen Fritz Bauer Institut Gedenkveranstaltungen und Konferenzen statt. Bauers 25. Todestag und 90. Geburtstag waren die äußeren Anlässe.

Zeitgleich mit der Gründung des Fritz Bauer Instituts kam der Dokumentarfilm *Die Würde eines jeden Menschen – Erinnern an Fritz Bauer* (1995) von David Wittenberg ins Fernsehen. Die WDR-Produktion stellt Bauers Werk und Wirken kenntnisreich dar. Sachkundig führt Wittenberg Interviews mit fünf Protagonisten: Heinz Düx (Untersuchungsrichter im Auschwitz-Verfahren und dem Anliegen Bauers verpflichtet), Helga Einsele (Leiterin der Frauenvollzugsanstalt Frankfurt-Preungesheim und mit Bauer eine Kämpferin für die Humanisierung des Strafvollzugs), Hermann Langbein (Auschwitz-Überlebender und Schriftsteller), Joachim Perels (Politikwissenschaftler und Jurist) und Jürgen Seifert (Politikwissenschaftler).

Bauers Kampf um die Reform des Straf- und des Strafvollzugsrechts, gegen die Notstandsgesetze der Großen Koalition unter Kurt Georg Kiesinger und Willy Brandt, seine Bemühungen um die Ahndung der NS-Verbrechen und die Rehabilitierung des Widerstands vom 20. Juli 1944 thematisiert Wittenbergs Film. Einsele, die 1993 die viel zitierte

---

[1] Helga Einsele, »Worte der Erinnerung«, in: *Fritz Bauer. Eine Denkschrift*. Feier zum Gedenken an Dr. Fritz Bauer, 15.11.1993. Frankfurt am Main 1993, S. 20.

Sentenz Bauers[2] in die Öffentlichkeit brachte, er befinde sich im feindlichen Ausland, wenn er sein Büro verlasse, spricht auch über den Privatmenschen Bauer. Ihre intime Kenntnis der Person verleiht ihren Äußerungen besonderes Gewicht.

*

2010 wurde auf der Berlinale Ilona Zioks Film *Fritz Bauer – Tod auf Raten* gezeigt und machte »mit der haltlosen Insinuation [...], Bauer sei möglicherweise eines unnatürlichen Todes gestorben [...], Furore«.[3] Umrahmt von Andeutungen und Spekulationen über Bauers Ableben unternimmt Ziok den Versuch, Bauers juristische Anstrengungen zur »Bewältigung der Vergangenheit« darzustellen. Sie kombiniert Selbstzeugnisse Bauers[4] mit Fragmenten von Interviews mit Bauers Zeitgenossen (Freunden, Bekannten, Mitarbeitern, Sachkundigen, insgesamt 22 Protagonisten) sowie diversem Fremdmaterial und ist dabei bedauerlicherweise nicht in der Lage, die verwendeten Quellen kritisch zu prüfen und zu bewerten.

Üppigen Gebrauch im Film haben gefunden: Die ZDF-Dokumentation von Lea Rosh *Die Tat und die Täter* (1982), die Dokumentation *Strafsache 4 Ks 2/63* von Rolf

---

[2] Helga Einsele, »Worte der Erinnerung«, in: Hessisches Ministerium der Justiz (Hrsg.), *Fritz Bauer. Eine Denkschrift.* Feier zum Gedenken an Dr. Fritz Bauer, 15.11.1993. Frankfurt am Main 1993, S. S. 21.

[3] Norbert Frei, »Fritz Bauer oder: Wann wird ein Held zum Helden?«, in: Stefan Gerber, Werner Greiling, Tobias Kaiser, Klaus Ries (Hrsg.), *Zwischen Stadt, Staat und Nation. Bürgertum in Deutschland*, Teil 1, Göttingen: Vandenhoeck & Ruprecht, 2014, S. 274 f.

[4] Z. B. sein Gespräch mit jungen Erwachsenen im Rahmen der Sendereihe Heute Abend Kellerklub des Hessischen Rundfunks (1964), ein lebensgeschichtliches Interview mit Renate Harpprecht aus der Sendereihe: Als sie noch jung waren, WDR (1967). Siehe *Fritz Bauer. Gespräche, Interviews und Reden. Aus den Fernseharchiven 1961–1968*, Redaktion: Bettina Schulte Strathaus, hrsg. vom Fritz Bauer Institut, Berlin: absolut MEDIEN, 2014.

Bickel und Dietrich Wagner (HR, 1993), David Wittenbergs Film *Die Würde eines jeden Menschen – Erinnern an Fritz Bauer* (WDR, 1995), Fernsehberichte über die Trauerfeier der hessischen Landesregierung vom 6. Juli 1968 im Haus Dornbusch (Frankfurt am Main) anlässlich von Bauers Tod, Prozessberichterstattung über den 1. Frankfurter Auschwitz-Prozess, Berichte über die Entführung Adolf Eichmanns (1960) sowie historische Aufnahmen (Volksgerichtshof, Hitler-Rede in der Kroll-Oper, Deportation von Juden, Bergen-Belsen, etc.).

Der Film greift neben anderen einen wichtigen Aspekt im Wirken Bauers heraus, durch den der Generalstaatsanwalt bei dem Oberlandesgericht Braunschweig (1950–1956)[5] und des Landes Hessen (1956–1968) weit über die Grenzen Deutschlands hinaus bekannt geworden ist: Bauer als Ankläger in Prozessen gegen Alt-Nazis (Remer-Prozess) und als Verfolger von Nazi-Verbrechern (Martin Bormann, Adolf Eichmann, Josef Mengele), von »Euthanasie«-Ärzten und anderen am Krankenmord Beteiligten, von NS-Juristen (OLG-Präsidenten und Generalstaatsanwälte), von Auschwitz-Personal und Eichmann-Mitarbeitern (Hermann Krumey, Otto Hunsche), von Angehörigen von Einsatzkommandos (EK 4a, Babi Jar).[6]

---

[5] Das Bundesland Niedersachsen hat drei Oberlandesgerichtsbezirke: die OLG-Bezirke Celle, Oldenburg und Braunschweig. Celle unterstanden sieben Landgerichtsbezirke, Oldenburg drei und Brauschweig einer. Neben seiner eigenen Staatsanwaltschaft b. OLG Braunschweig (Generalstaatsanwaltschaft) unterstand Bauer die Staatsanwaltschaft b. LG Braunschweig. In Hessen hatte Bauer unter anderem die Dienst- und Fachaufsicht über neun landgerichtliche Staatsanwaltschaften.

[6] Die Rechtswissenschaftlerin Ilse Staff, über Jahre mit Bauer eng befreundet, sieht in der »Aufklärung nationalsozialistischer Verbrechen« nicht das »Hauptgewicht von Fritz Bauers beruflichem und menschlichem Einsatz« (Ilse Staff, »Fritz Bauer (1903–1968). ›Im Kampf um des Menschen Rechte‹«, in: Kritische Justiz (Hrsg.), *Streitbare Juristen. Eine andere Tradition*, Baden-Baden: Nomos Verlagsgesellschaft, 1988, S. 443).

In Zioks Film kommen freilich Ausführungen von Protagonisten vor, die einer Überprüfung nicht standhalten. Bei dem übernommenen Fremdmaterial stellen sich gleichfalls Fragen. Gelegentlich sind Irrtümer von Interviewpartnern lässlich und von geringer Bedeutung, manchmal geht es jedoch ums Ganze.[7]

Im letzten Teil des Bauer-Films (»Drehers überraschende Gesetzesänderung Mai 1968«) bringen die Protagonisten Thomas Harlan (Filmemacher und Schriftsteller, 1929–2010) und Herbert Schneider (Amtsrichter a.D. (Darmstadt), zeitweise zur Zentralen Stelle Ludwigsburg abgeordnet, 1936–2006) die Auffassung zum Ausdruck, Ministerialdirigent Eduard Dreher (Unterabteilungsleiter Strafrecht im Bundesjustizministerium) sei der Drahtzieher einer »Amnestie durch die Hintertür« (1) gewesen. Weiter meinen die beiden Interviewpartner, Fritz Bauer habe *bereits im Frühsommer 1968* die verheerenden Folgen der Novellierung von § 50 Abs. 2 Strafgesetzbuch (StGB) für die Strafverfolgung von NS-Verbrechern erkannt und sei über der »gesetzgeberischen Panne« (Horst Ehmke) bzw. der von findigen, einstigen NS-Juristen ausgeheckten »versteckten Amnestie« für Mordgehilfen verstorben (2). Sodann führt Harlan aus, mit der Neufassung von § 50 Abs. 2 StGB im Hause Gustav Heinemanns sei die Strafverfolgung von NS-Tätern beendet gewesen (3).

Zunächst bleibt im Film unerwähnt, dass die Neufassung von § 50 Abs. 2 StGB ein von Strafrechtlern und Rechtspolitikern durchweg gutgeheißenes Reformvorhaben war. Bereits Mitte der 1950er Jahre hatte die Große Strafrechtskommission den entsprechenden Paragraphen behandelt. Auch der Alternativentwurf progressiver Juristen zum (konservativen)

[7] So meint z. B. der Protagonist Johannes Warlo, Bauer habe kurz vor seinem Tod Geburtstag gehabt. Bauer ist am 16.7.1903 geboren, Ende Juni 1968 aber, noch vor Vollendung seines 65. Lebensjahrs, verstorben.

Regierungsentwurf von 1962 (E 1962) sah eine Änderung des § 50 StGB vor. Die Gleichstellung von Täter und Teilnehmer sollte aufgehoben werden.[8]

Zu (1): Die Gesetzesänderung schaffte eine vom Nazi-Gesetzgeber eingeführte Strafschärfung für Versuch und Beihilfe ab. Mit der »Verordnung gegen Gewaltverbrecher« vom 5. Dezember 1939 (*Reichsgesetzblatt*, Jg. 1939, Teil I, S. 2378) war die bis dato zwingende Strafmilderung beseitigt worden.[9] Die NS-Justiz sollte den Gehilfen ebenso streng wie den Täter aburteilen können. Im Falle von Mordbeihilfe mussten die NS-Gerichte nach der Verordnung vom 5. Dezember 1939 wie bei Mord auf Todesstrafe erkennen. Die bundesdeutsche Justiz konnte nach Abschaffung der Todesstrafe (Art. 102 Grundgesetz) den Mordgehilfen wie den Mörder zu lebenslangem Zuchthaus verurteilen. Die Schwurgerichte in NSG-Verfahren haben jedoch bei Mordgehilfen in der Regel strafmildernde Gründe veranschlagt, so dass Freiheitsstrafen im Rahmen von 3 bis 15 Jahren die gängige Praxis waren.

Durch die Darlegungen von Harlan und Schneider erscheint die Gesetzesänderung einzig als Machination von Juristen, die bestrebt waren, NS-Verbrecher zu amnestieren.

Die Fakten: Am 10. Mai 1968 verabschiedete der Bundestag einstimmig die Änderung der Gesetzesbestimmung, am 1. Oktober 1968 trat der novellierte § 50 Abs. 2 StGB

---

8 Siehe Marc von Miquel, *Ahnden oder amnestieren? Westdeutsche Justiz und Vergangenheitspolitik in den sechziger Jahren*, Göttingen: Wallstein Verlag, 2004, S. 327.

9 In § 4 der »Gewaltverbrecherverordnung« heißt es: »Für den strafbaren Versuch eines Verbrechens oder Vergehens oder für die Beihilfe dazu ist allgemein die Strafe zulässig, die für die vollendete Tat vorgesehen ist.« Im Mai 1943 wurde die obligatorische Strafschärfung in das Strafgesetzbuch aufgenommen; siehe Hubert Rottleuthner, »Hat Dreher gedreht? Über Unverständlichkeit, Unverständnis und Nichtverstehen in Gesetzgebung und Forschung«, in: *Rechtshistorisches Journal* 20 (2001), S. 668, Anm. 9.

in Kraft. An »unscheinbarer Stelle«[10], im Einführungsgesetz zum Gesetz über Ordnungswidrigkeiten (EGOWiG), war die Gesetzesänderung platziert worden.

Die Frage, ob im Fall der Novellierung des § 50 StGB eine »Panne« oder eine »Drahtzieherei« vorliegen, ist in der Forschung durchaus offen. Ulrich Herbert[11] und Marc von Miquel[12] vertreten die Auffassung, die Harlan im Film referiert. Obgleich vieles für diese Version spricht, ist bislang der überzeugende Nachweis nicht erbracht worden.[13] Was der Film aus dem Munde Harlans als unbestrittene, letztgültige Erkenntnis verkündet, ist lediglich eine in der Zeitgeschichtsforschung vertretene Auffassung.[14]

Zu (2): Wie Greve und Rottleuthner in ihren Aufsätzen dargelegt haben, sind die Auswirkungen der Novellierung von § 50 Abs. 2 StGB auf NS-Verfahren, in denen Angeklagten Mordbeihilfe zur Last gelegt wurde, erst im Herbst 1968, zum Teil erst Anfang 1969 erkannt worden.[15] Erst

---

[10] Michael Greve, »Amnestierung von NS-Gehilfen – eine Panne? Die Novellierung des § 50 Abs. 2 StGB und dessen Auswirkungen auf die NS-Strafverfolgung«, in: *Kritische Justiz,* Jg. 33 (2000), H. 3, S. 412–424, hier: S. 412. Siehe auch ders., »Amnestie von NS-Gehilfen. Die Novellierung des § 50 Abs. 2 StGB und dessen Auswirkungen auf die NS-Strafverfolgung«, in: *Einsicht 04.* Bulletin des Fritz Bauer Instituts (Herbst 2010), S. 54–57.

[11] Ulrich Herbert, *Best. Biographische Studien über Radikalismus, Weltanschauung und Vernunft, 1903–1989,* Bonn: Verlag J.H.W. Dietz Nachfolger, 1996, S. 507 ff.

[12] von Miquel, *Ahnden oder amnestieren?,* S. 208–223, 327–343.

[13] Die vom Bundesjustizministerium eingerichtete Unabhängige Wissenschaftliche Kommission unter Leitung von Christoph Safferling und Manfred Görtemaker wird demnächst ihre Forschungsergebnisse vorlegen. Siehe *Die Rosenburg. Das Bundesministerium der Justiz und die NS-Vergangenheit – eine Bestandsaufnahme*, hrsg. von Manfred Görtemaker und Christoph Safferling, Göttingen: Vandenhoeck & Ruprecht, 2013, S. 203.

[14] Siehe von Miquel, *Ahnden oder amnestieren?,* S. 335.

[15] Siehe ebd., S. 327 f.

die BGH-Entscheidung vom 20. Mai 1969, das Merkmal *niedrige Beweggründe* (zum Beispiel Rassenhass) als täter- und nicht tatbezogenes Mordmerkmal zu betrachten, führte schließlich zu der fatalen Konsequenz, dass angeklagte Mordgehilfen, denen niedrige Beweggründe nicht nachzuweisen waren, nicht mehr belangt werden konnten.[16] Waren bei einem Gehilfen sittlich verwerfliche Motive nicht beweisbar und war er an der Tatausführung, einer objektiv heimtückischen oder grausamen Tötung zum Beispiel, nicht im Wissen um die strafbare Tatbegehung beteiligt, was bei »Schreibtischtätern« im vom Tatort (einem Vernichtungslager zum Beispiel) fernen Berlin in der Regel schwer zu widerlegen war, konnte er nicht mehr belangt werden. Somit war Mordbeihilfe, bei der beim (tatfernen) Teilnehmer niedrige Beweggründe (die besonderen persönlichen Merkmale des § 50, Abs. 2 StGB) nicht nachweisbar waren, seit dem 8. Mai 1960 verjährt. War vor dem Ablauf der 15-jährigen Frist durch eine richterliche Handlung die Verjährung nicht unterbrochen worden, blieben die Beschuldigten außer Verfolgung.[17] Adalbert Rückerl, von 1966 bis 1984 Leiter der Zentralen Stelle in Ludwigsburg, beschreibt die Rechtslage folgendermaßen: »Ein lediglich befehlsgemäß handelnder Tatgehilfe konnte fortan nur noch dann bestraft werden, wenn ihm nachzuweisen war, dass sein Tatbeitrag eigenen niedrigen Beweggründen entsprang oder daß ihm die grausame oder heimtückische Tatausführung im Zeitpunkt seines Handelns bekannt war.«

Bei tatnahen Tätern in Vernichtungslagern und bei Angehörigen von Exekutionskommandos lag Wissen um die mit

---

[16] Entscheidung des Bundesgerichtshofs vom 20.5.1969, 5 StR 658/68, in: *Neue Juristische Wochenschrift*, Jg. 22 (1969), H. 27, S. 1181–1184.

[17] Siehe hierzu auch Adalbert Rückerl, *Die Strafverfolgung von NS-Verbrechen 1945–1978. Eine Dokumentation*, Heidelberg, Karlsruhe: C. F. Müller Juristischer Verlag, 1979, S. 65 f.

Heimtücke und Grausamkeit begangene Tat unzweifelhaft vor. Je weiter ein am Holocaust mitwirkender NS-Verbrecher vom Tatort entfernt und sowohl in der Hierarchie höher als auch in der Befehlsstruktur übergeordnet war, desto besser waren seine Aussichten, juristisch nicht belangt werden zu können.

Wie Greve überzeugend dargelegt hat, wurde der »rechtspolitische Sprengstoff«[18], den der neugefasste § 50 Abs. 2 StGB enthielt, »der bundesdeutschen Öffentlichkeit erst seit Dezember 1968 allmählich bewusst«.[19] Neben *Bild am Sonntag* berichtete *Der Spiegel* in zwei Artikeln über die »Hilfe für Gehilfen«[20] beziehungsweise über die »Kalte Verjährung«.[21] Anfang 1969 waren sich die Juristen über die Folgen der Gesetzesänderung noch nicht ganz im Klaren. Erst nach und nach stellten sich die Auswirkungen der Novellierung heraus. Es ist deshalb wenig wahrscheinlich, dass Fritz Bauer nach der Verabschiedung des Gesetzes im Mai 1968 gleichsam als Erster und Einziger im Bilde war und aus Verzweiflung und Resignation über die Machenschaften der Bonner Legislative verstarb. Für Harlans und Schneiders Auffassung fehlen somit jegliche Anhaltspunkte. Harlans Ausführungen hätten deshalb in einen mit Sachkompetenz gemachten Film nicht aufgenommen werden dürfen.

Zu (3): Harlans Behauptung, die »gesamte Rechtsprechung« sei mit der von Eduard Dreher eingefädelten Gesetzesänderung »zu Boden geschlagen worden«, entbehrt jeder Grundlage. Mordbeihilfe, bei der Beteiligte aus niedrigen Beweggründen mitgewirkt oder im Wissen um eine heimtückische und grausame Tötung Hilfe geleistet hatten, war weiterhin verfolgbar. Die Ahndung von Mord blieb von

[18] Herbert, *Best,* S. 509.

[19] Greve, »Amnestierung«, S. 413.

[20] *Der Spiegel,* Jg. 23 (6.1.1969), Nr. 1/2, S. 31–32.

[21] *Der Spiegel,* Jg. 23 (13.1.1969), Nr. 3, S. 58–61.

der Gesetzesänderung selbstverständlich unberührt. Keine Rede kann deshalb davon sein, dass – wie Harlan pathetisch meint – »für Bauer [...] die deutsche Geschichte [...] zu Ende«, »seine Nachkriegsarbeit [...] verloren« war.

Harlan mag an die Einstellung des Verfahrens gegen Mitarbeiter des SS-Reichssicherheitshauptamtes, das die Berliner Generalstaatsanwaltschaft seit 1963 mit großem Aufwand geführt hatte, gedacht haben.[22]

Im krassen Widerspruch zu Harlans Übertreibung steht zudem die am Filmschluss platzierte Auffassung von Bauers Neffen, Rolf Tiefenthal (Kopenhagen), Bauer habe (im Kampf mit seinen Gegnern) gewonnen (»But he won.«). Weder die eine noch die andere Behauptung ist begründet.

Wenig Sinn macht es allenthalben, in einem Dokumentarfilm Protagonisten mit sich widersprechenden und zudem irrigen Ausführungen zu Wort kommen zu lassen, ohne den Versuch zu unternehmen, die anstehenden Sachfragen zu klären.

Ebenso wichtig wie die Fragen nach den Hintergründen der Gesetzesänderung sind die Feststellungen von Greve und Rottleuthner, Staatsanwaltschaften und Gerichte hätten die durch die Gesetzesnovellierung gebotene Möglichkeit, Verfahren einzustellen, ausgiebig genutzt. Als »Instrument der Justiz-Ökonomie« war der neue § 50 StGB offenbar vielen Juristen sehr willkommen. Rottleuthner spricht von der »große(n) Bereitschaft, mit der die Regelung des § 50 Abs. 2 StGB benutzt wurde, um zu einer ziemlich umfangreichen

---

[22] Siehe hierzu Hans Günther, *Staatsanwaltschaft. Kind der Revolution. Versuch eines juristischen Essays,* Frankfurt am Main u.a.: Ullstein Verlag, 1973, S. 73. Günther war Generalstaatsanwalt bei dem Kammergericht Berlin. Siehe auch Annette Weinke, »Amnestie für Schreibtischtäter. Das verhinderte Verfahren gegen die Bediensteten des Reichssicherheitshauptamtes«, in: Klaus-Michael Mallmann, Andrej Angrick (Hrsg.), *Die Gestapo nach 1945. Karrieren, Konflikte, Konstruktionen,* Darmstadt: Wissenschaftliche Buchgesellschaft 2009, S. 200–220.

Amnestie zu kommen«[23] und resümiert: »In der Zuspitzung auf Schludrigkeit bei den an der Gesetzgebung Beteiligten versus Schlitzohrigkeit bei den Drahtziehern geht der Aspekt der Bereitwilligkeit der Justiz verloren, mit der sie NS-Täter von Verfolgung und Strafe verschonte. Die Praxis folgte nicht irgendeiner Notwendigkeit [...]. Es gab andere Optionen.«[24] »Juristische(r) Phantasie«[25] – so Rottleuthner – hätte es im Streben nach Gerechtigkeit bedurft, um die unter § 50 Abs. 2 StGB fallende Mordbeihilfe zu ahnden. Die Bedingungen im Lande der Täter waren aber nicht so. Eben diese verheerende Rechtspraxis hätte ein Dokumentarfilm, der sich dem Erbe Fritz Bauers verpflichtet sieht, klar darstellen müssen.

Im angeführten letzten Teil des Bauer-Films übernimmt Ziok Teile aus der Dokumentation *Die Tat und die Täter* von Lea Rosh (ZDF 1982) und stellt ein im Rosh-Film kritisiertes Urteil des Landgerichts Ansbach von 1962 in den Zusammenhang mit der 1968 erfolgten Novellierung des § 50 Abs. 2 StGB.

In dem von Rosh angeführten Judikat wurde der einstmalige, der Beihilfe zum Mord angeklagte SS-Obersturmführer Leo Patina »wegen 10 Verbrechen der Beihilfe zum Totschlag zur Gesamtstrafe von fünfzehn Monaten Gefängnis« verurteilt. Patina hatte Ende Oktober/Anfang November 1939 (als Führer des von den deutschen Okkupanten installierten »Selbstschutzes« im Kreis Alexandrowo/bei Thorn) auf Befehl seines Vorgesetzten (dem »Abschnittsführer des Selbstschutzes«) zehn im Gefängnis von Alexandrowo gefangen gehaltene Polen erschossen. Die Polen waren der Tötung

23 Rottleuthner, »Hat Dreher gedreht?«, S. 677.
24 Ebd., S. 679.
25 Ebd.

von Volksdeutschen zu Beginn des deutschen Einmarsches beschuldigt worden.[26]

Ungeklärt blieb in der Ansbacher Hauptverhandlung, ob der den Tötungsbefehl erteilende Vorgesetzte des Angeklagten den Befehl selbst erlassen oder lediglich weitergegeben hatte. Ebenso blieben die Motive des Befehlsgebers unaufgeklärt. Das Gericht stellte mit Blick auf das Mordmerkmal »niedrige Beweggründe« fest: »Die Bestrafung des Angeklagten wegen Beihilfe zum Mord würde voraussetzen, dass der Angeklagte gewusst oder billigend in Kauf genommen hatte, dass der Befehlende die Tötung der 10 Polen aus nach allgemeiner sittlicher Wertung auf tiefster Stufe stehenden Beweggründen angeordnet hat. Nach seiner unwiderlegten Einlassung war der Angeklagte jedoch der Überzeugung, dass die von ihm zu erschießenden Polen todeswürdige Verbrechen begangen hatten; er ging auch unwiderlegt davon aus, dass die Erschießung dieser Polen ausschließlich als Sühne für die von ihnen begangenen Taten angeordnet war. Dem Angeklagten können daher die bei dem die Tötung Befehlenden allenfalls vorhandenen niedrigen Beweggründe nicht zugerechnet werden.«[27]

Auch eine heimtückische Tötung der Polen meinten die Ansbacher Richter nicht feststellen zu können. Nach Erkenntnis des Gerichts wussten die gefangenen Polen um die ihnen von den deutschen Besatzern vorgehaltene Belastung. Sie mussten mithin die »Strafe« der Okkupanten gewärtigen. Ihre Erschießung war ihnen zudem einige Tage vor ihrer Tötung durch den Vorgesetzten des Angeklagten angekündigt worden. Arglos waren die Opfer deshalb nach Auffassung des Gerichts nicht.

---

[26] Siehe das Urteil in: *Justiz und NS-Verbrechen. Sammlung deutscher Strafurteile wegen nationalsozialistischer Tötungsverbrechen 1945–1966,* hrsg. von C. F. Rüter u.a., Amsterdam: University Press Amsterdam, Bd. XVIII, 1978, S. 582–600.

[27] Ebd., S. 596.

Anhaltspunkte für die Erfüllung des Mordmerkmals »grausam« sahen die Ansbacher Richter gleichfalls nicht. Die Frage, ob der Angeklagte als Totschläger oder als Gehilfe gehandelt hatte, entschied das Gericht zu Gunsten des Angeklagten, da ihm ein eigenes Interesse an der Tötung der Polen nicht nachzuweisen war.

Erkennbar steht das Urteil des Landgerichts Ansbach aus dem Jahr 1962 in keinem Zusammenhang mit dem 1968 neugeschaffenen § 50 Abs. 2 StGB. Im Ansbacher Fall ging es einzig um die rechtliche Würdigung des an den zehn Polen verübten Verbrechens. Die Gründe, warum das Landgericht Ansbach auf Beihilfe zum Totschlag und nicht auf Beihilfe zum Mord erkannte, waren allein der schwierigen Beweislage (unaufgeklärte Genese des Tötungsbefehls und der Motive des Befehlsgebers) geschuldet.

Die Übernahme des Materials aus Lea Roshs Film *Die Tat und die Täter* (ZDF, 1982) in die Bauer-Dokumentation ist mithin ein inhaltlicher, aus mangelnder Sachkenntnis resultierender Fehlgriff.

*

Veranlasst durch den 50. Jahrestag des Beginns des Frankfurter Auschwitz-Prozesses im Dezember 2013 sendete das Zweite Deutsche Fernsehen einen Dokumentarfilm über Bauer. Die Produktion *Mörder unter uns. Fritz Bauers einsamer Kampf* (2014) von Peter Hartl und Andrzej Klamt, ebenso wie Wittenbergs Film 45 Minuten lang, kommt mit acht Protagonisten aus. Interessant ist, hochbetagte Zeitgenossen und Freunde Bauers wie Manfred Amend (Bauers Testamentsvollstrecker), Inge Deutschkron (Journalistin, Prozessberichterstatterin im Auschwitz-Prozess), Heinz Düx, Ilse Staff (Juristin, enge Freundin Bauers), Johannes Warlo (Mitarbeiter Bauers bei der Generalstaatsanwaltschaft) und Gerhard Wiese (Anklagevertreter im Frankfurter Auschwitz-Prozess) womöglich das letzte Mal über Bauer sprechen zu sehen und zu hören. Wie die beiden anderen Dokumentarfilme handelt auch Hartls und Klamts Werk von Bauers Anstrengungen, den Widerstand gegen Hitler zu legitimieren, das Recht auf Widerstand gegen einen Unrechtsstaat zu bestärken und NS-Verbrecher zur Rechenschaft zu ziehen.

Fritz Bauer im Spielfilm

Der Spielfilm *Im Labyrinth des Schweigens* (2014) von Giulio Ricciarelli (Regie und Drehbuch) und Elisabeth Bartel (Drehbuch) erzählt die Vorgeschichte des Frankfurter Auschwitz-Prozesses mithilfe einer fiktiven Figur und dreier historischer Gestalten. Erklärte Intention der Drehbuchautoren ist, die Geschichte von Akteuren zu erzählen, die in der öffentlichen Wahrnehmung meist eine recht unbeachtete Rolle spielen. Die Hauptfigur des Films ist der fiktive Staatsanwalt Johann Radmann, der aus eigener Initiative gegen Auschwitz-Verbrecher ermittelt. Angeleitet, unterstützt und bestärkt wird er von Filmfiguren, die in der Geschichte des Auschwitz-Prozesses reale Entsprechungen haben.

Der Journalist Thomas Gnielka, der im Januar 1959 Bauer die »Breslauer Dokumente« zusandte, die dem hessischen Generalstaatsanwalt willkommener Anlass waren, in Sachen Auschwitz tätig zu werden, ist im Film mit einem Auschwitz-Überlebenden befreundet. Der traumatisierte einstige Häftling, im Vernichtungslager verlor er Frau und beide Töchter, läuft einem vormaligen SS-Mann über den Weg. Gnielka, von seinem Freund über die Entdeckung des NS-Täters unterrichtet, versucht voller Engagement und Emotionalität, die Frankfurter Staatsanwaltschaft auf den Auschwitz-Schergen aufmerksam zu machen. Dort stößt er aber nur auf Unkenntnis, Ablehnung und Ahndungsunwilligkeit. Einzig Radmann sieht sich motiviert, der Sache nachzugehen und erhält gegen den Widerstand seines direkten Vorgesetzten, des Leiters der landgerichtlichen

Staatsanwaltschaft, Unterstützung von Bauer. Nachdem Gnielka und Radmann bei dem Überlebenden noch die »Breslauer Dokumente« finden und sie Bauer überreichen, beauftragt der »General« den eifrigen Radmann, die Ermittlungen zu führen. Später stellt er ihm, da der Kreis der Beschuldigten immer größer wird und sich ein umfangreiches Verfahren abzeichnet, einen weiteren Staatsanwalt zur Seite. Bei der Suche nach Überlebenden, die als Zeugen vernommen werden, ist Hermann Langbein, die dritte Realfigur, dem Sachbearbeiter Radmann behilflich.

Die Vorgeschichte des Auschwitz-Prozesses stellt sich freilich anders da. Durch die im Januar 1959 von Gnielka übersandten Dokumente hatte Bauer eine Handhabe, durch den Bundesgerichtshof das Landgericht Frankfurt am Main in Sachen Auschwitz als Gerichtsstand bestimmen zu lassen. Hierdurch war die Möglichkeit gegeben, bei der Staatsanwaltschaft ein Ermittlungsverfahren einzuleiten. Im Unterschied zum Spielfilm, der den jungen Staatsanwalt zum engagierten »Helden« der justiziellen Aufarbeitung macht, war es in Wirklichkeit Bauers Initiative, dass in Frankfurt am Main ein Komplexverfahren wegen der Verbrechen in Auschwitz zustande kam. Die oft zu lesende, indes vollkommen undifferenzierte Rede, »ohne Bauer« hätte es den Auschwitz-Prozess nicht gegeben, ist auf die Feststellung zu versachlichen, dass es Bauer und ihm allein zuzuschreiben ist, dass es nicht zu mehreren kleinen, über die Republik verstreuten Auschwitz-Verfahren gekommen ist. Ein öffentlichkeitswirksamer Großprozess mit dem Ziel, das gesamte Vernichtungsgeschehen in Auschwitz aufzuklären, strebte Bauer an und war mit seinem überaus schwierigen Vorhaben durch die herausragende Arbeit der beauftragten Staatsanwälte erfolgreich.

Am Realgeschehen orientiert sich der Spielfilm wieder in den Sequenzen, in denen die Staatsanwälte die Ermittlungsarbeit leisten. Bauer hatte mit den konkreten Ermittlungen selbstverständlich nichts zu tun. Im Film wohnt er einmal der Vernehmung eines Opferzeugen bei. Das hat es in Wirklichkeit nicht gegeben. Der Vorwurf, den ein in der *Frankfurter Rundschau* publizierender und unbedarfter Filmkritiker[28] erhob, der Spielfilm schmälere Bauers Verdienste, ihm sei eine »Hauptrolle« verwehrt worden, verkennt die Funktion eines Generalstaatsanwalts und zeugt von Unkenntnis sowohl der Vorgeschichte des Auschwitz-Prozesses als auch der Struktur der Frankfurter Strafverfolgungsbehörden.

Bauers Dienst- und Fachaufsicht gegenüber den neun landgerichtlichen Staatsanwaltschaften, die Leitung seiner eigenen Behörde (Generalstaatsanwaltschaft) und die Dienstaufsicht über die Strafvollzugsanstalten waren Arbeit genug für einen Mann, der darüber hinaus vortragend und debattierend, beratend und diskutierend landauf landab ständig unterwegs war.[29]

Ermittlungen durchzuführen, Zeugen zu vernehmen, Anklageschriften zu verfassen war nicht Bauers Aufgabe als Generalstaatsanwalt. Selbstverständlich waren die NS-Verfahren Berichtssachen und Bauer war deshalb über den Fortgang der Ermittlungen der ihm nachgeordneten Staatsanwaltschaften immer gut unterrichtet. Er hat sich auch persönlich durch die Sachbearbeiter über den Stand der Dinge informieren lassen. Genau diese leitende und führende Hintergrundrolle füllte Bauer in der Vorgeschichte des Auschwitz-Prozesses und anderer Verfahren gegen NS-Verbrecher maßgeblich aus.

---

[28] Daniel Kothenschulte, »Jenseits der Stille«, in *Frankfurter Rundschau* vom 5.11.2014, Nr. 257, S. 33.

[29] Einen guten Eindruck von Bauers »Rastlosigkeit« vermitteln seine Briefe an Thomas Harlan und Birgitta Wolf. Siehe Werner Renz (Hrsg.), *»Von Gott und der Welt verlassen«. Fritz Bauers Briefe an Thomas Harlan.* Mit Einführungen und Anmerkungen von Werner Renz und Jean-Pierre Stephan, Frankfurt am Main, New York: Campus Verlag, 2015 und Bauers Briefe an Wolf (Hamburger Institut für Sozialforschung, Bestand Nothilfe Birgitta Wolf (NBW 001)).

Im Labyrinth des Schweigens endet mit dem 1. Verhandlungstag, der am 20. Dezember 1963 im Frankfurter Rathaus begann. Die beiden jungen Anklagevertreter, von Bauer noch per Handschlag mit Dank und Anerkennung für ihre aufreibende Arbeit versehen, betreten den Gerichtssaal. Aus dem Off erklingt die Stimme des Vorsitzenden Richters Hans Hofmeyer, der die Verhandlung in der »Strafsache gegen Mulka u.a.« eröffnet.

Ricciarellis Werk setzt zwei engagierten Staatsanwälten (Joachim Kügler und Georg Friedrich Vogel), die in Verantwortung vor der Geschichte einen Beitrag zur Aufarbeitung der NS-Verbrechen geleistet haben, ein filmisches Denkmal.

*

Der Spielfilm *Der Staat gegen Fritz Bauer* (2015) von Lars Kraume (Regie und Drehbuch) und Olivier Guez (Drehbuch) erzählt vom Beitrag Bauers zur Ergreifung und Entführung Adolf Eichmanns durch den israelischen Geheimdienst Mossad. Bereits Anfang 1969 war durch eine Veröffentlichung von Michel Bar-Zohar, Vertrauter und Biograph von David Ben Gurion, dem Ministerpräsidenten Israels, die Information aufgekommen, Bauer habe eine Rolle bei der geheimdienstlichen Aktion gespielt.[30] Freunde Bauers reagierten auf entsprechende Agenturmeldungen und verwahrten sich gegen die Darstellung, sahen sie doch Bauers Andenken beeinträchtigt.[31] Erst durch die 1975 publizierten

---

[30] AP-Bericht »Führte Hinweis aus Frankfurt auf Eichmanns Spur?«, in: *Frankfurter Rundschau* vom 19.2.1969.

[31] Siehe den Brief von Carl Bringer vom 20.2.1969 an Bar-Zohar (Fritz Bauer Institut, Nachlass Fritz Bauer, NL 08/18). Bar-Zohar ließ Bringer antworten, »Dr. Bauer authorized him to publish the information about his part in the capture of Eichmann (Schreiben von M. Lilienthal an Carl Bringer vom 25.3.1969 (ebd.)).

Erinnerungen von Mossad-Chef Isser Harel wurde Bauers Rolle gleichsam amtlich.[32]

Kraumes Film hält sich in seiner Bauer-Präsentation wenig an Chronologie und verlagert Gegebenheiten, die durchaus für Bauers Leben Mitte der 1960er Jahre zutreffen, in seine Anfangszeit in Hessen. Kaum ein Jahr in seinem Amt, das ihm sein Parteifreund Georg August Zinn, Hessens Ministerpräsident, vermacht hatte, gilt Bauer bereits als instabil und anfällig, gar als suizidgefährdet. In Wirklichkeit können wir davon ausgehen, dass Bauer sein bedeutendes Amt im April 1956 voller Schaffenskraft und Tatendrang antrat.

Wagemutig beginnt der Film mit einer Szene, die sich real erst Ende Juni 1968 in Bauers Wohnung abgespielt hat. Bauer, mit einem Glas Wein und mit Schlaftabletten ausgestattet, schläft in seiner volllaufenden Badewanne ein und droht zu ertrinken. Sein Fahrer, der für ihn Lebensmittel eingekauft hat und die Wohnung betritt, rettet den »General« im letzten Augenblick. Die Szene spielt »Ende der 50er Jahre«, noch vor Bauers Aktivitäten in Sachen Eichmann, ausgelöst durch einen in Argentinien lebenden deutschen Emigranten. Doch die Filmfigur Bauer ist bereits der verfemte und berüchtigte »Nazi-Jäger«, der nicht nur in seiner Behörde, sondern auch im Wiesbadener Bundeskriminalamt (BKA) hochrangige Feinde hat. Seine Wohnung wird nach dem Badewannenvorfall kriminalpolizeilich untersucht und das BKA streut gezielt das Gerücht, der seinem Amt vorgeblich nicht gewachsene Bauer habe vorgehabt »sich umzubringen«. Auch erhält Bauer bereits zu dieser Zeit Drohbriefe (»Jude verrecke!!«), die ihm unter die Wohnungstür geschoben werden. Was sich tatsächlich erst viele Jahre später ereignete, stellt die Dramaturgie des Films an den Anfang von

---

[32] Isser Harel, *The House on Garibaldi Street. The First Full Account of the Capture of Adolf Eichmann told by the Former Head of Israel's Secret Service*, New York: The Viking Press, 1975.

Bauers Tätigkeit als Strafverfolger in Hessen. In dem recht überhitzten Eingangsszenario darf natürlich Bauers Dienstpistole, die ihm wegen Morddrohungen genehmigt worden war, nicht fehlen. Von Anbeginn an ist Bauer der besessen wirkende, eindimensionale »Nazi-Jäger«, der seine eigene Behörde als »Feindesland« bezeichnet und darüber hinaus geradezu phobisch unterstellt, aus seinem Dienstzimmer verschwänden Akten.

Freilich sind Abweichungen vom Realgeschehen in einem Spielfilm, der eine historische Figur zum Hauptgegenstand hat, der uneingeschränkten künstlerischen Freiheit geschuldet. Hieran mit Verweis auf die Faktizität Kritik zu üben, verkennt gewiss die Regeln der Kunst. Bauer wird jedoch in dem Film nicht als Akteur in Sachen Ahndung von NS-Verbrechen schrittweise aufgebaut und in seiner überaus wichtigen Rolle als Aufklärer und Volkserzieher schlüssig und überzeugend dargestellt. Sein politisches Anliegen, mit den Mitteln der Strafjustiz, mit Hilfe von NS-Prozessen, den Deutschen um einer besseren Gegenwart und Zukunft willen Lehren und Lektionen zu erteilen, wird nicht deutlich. Hingegen scheint sein ganzes Sinnen und Trachten zu sein, Eichmann vor ein deutsches Gericht zu stellen.

Neben Bauer, kongenial von Burghart Klaußner dargestellt, spielt ein junger Staatsanwalt namens Karl Angermann eine Hauptrolle. Bauer hat ihn mit der Suche nach Eichmann beauftragt. Durch das BKA und Angermann führt der Film mehr oder weniger voraussetzungslos eine Thematik ein, die über Jahrzehnte bis hin zur ersten Bauer-Biographie[33] tabuisiert worden ist: Homosexualität. Das BKA besitzt Kopien der von der Kopenhagener Polizei über Bauer angelegten Akte, der Hinweise auf gleichgeschlechtliche Beziehungen des Exilanten aus dem Jahr 1936 zu entnehmen sind.

[33] Irmtrud Wojak, *Fritz Bauer 1903–1968. Eine Biographie*, München: C. H. Beck Verlag, 2009.

Angermann, Bauer loyal ergeben und dem spröden und abweisenden Vorgesetzten ein selbsternannter und besorgter Freund, entdeckt im Verlauf der Filmstory seine wahre sexuelle Orientierung und offenbart sich Bauer. Reserviert und distanziert wehrt der Vorgesetzte jede Annäherung und Vertrautheit ab und verweist legalistisch auf das geltende, repressive Recht. Später gibt Bauer aber doch zu erkennen, dass ihn das schlimme Los des Untergebenen, der durch eine Machenschaft des BKA Opfer des § 175 Strafgesetzbuch wird, zutiefst bestürzt. Angermann, vom BKA vor die Wahl gestellt, Bauer wegen seiner Mossad-Kontakte des Landesverrats zu bezichtigen oder wegen seiner vom BKA fotografisch dokumentierten »Unzucht« ins Gefängnis zu gehen, verhält sich solidarisch zu Bauer und stellt sich, sich opfernd, der Polizei.

Gegen Bauer agieren im Film ein Oberstaatsanwalt, der im Verbund mit einem führenden Beamten des BKA den ungeliebten Nazi-Verfolger zu Fall bringen will. Dabei ist den beiden Bauer-Gegnern jedes Mittel recht. Er wird beschattet, seine Kontakte zu israelischen Stellen werden registriert, seine Suche nach in Südamerika untergetauchten NS-Verbrechern torpediert. Bauers Gegenspieler bleiben freilich erfolglos. Einsam und bedrückt, isoliert und gefährdet, behauptet sich Bauer und lässt sich von seinem eingeschlagenen Weg, Nazi-Verbrecher zur Rechenschaft zu ziehen, nicht abbringen. Der Film endet mit einer geradezu apotheotischen Einstellung. Die Schlussszene des Films ist einem zur Ikone gewordenen Foto von Stefan Moses nachgestellt. Bauer, beide Arme auf seinen Schreibtisch gestützt, vor seiner berühmten schwarz-weißen Tapetenwand in seinem Dienstzimmer stehend, versichert mit Nachdruck und Entschlossenheit seinem Feind in der eigenen Behörde, nichts und niemand könne ihn von seiner Arbeit abhalten. Fritz Bauer behauptet sich, fragiler und bewundernswerter Held in einem, gegen den Staat.

ERSTVERÖFFENTLICHUNGSNACHWEIS

1. »Fritz Bauer zum Zweck der NS-Prozesse«, u. d. Titel: »Fritz Bauer zum Zweck der NS-Prozesse. Eine Rekonstruktion«, in: *Einsicht 07. Bulletin des Fritz Bauer Instituts* (April 2012), S. 40–46.

2. »Der 1. Frankfurter Auschwitz-Prozess. Zwei Vorgeschichten«, in: *Zeitschrift für Geschichtswissenschaft*, Jg. 50 (2002), H. 7, S. 622–631.

3. »Auschwitz als Augenscheinsobjekt: Ortstermin in Auschwitz«, u. d. Titel: »Auschwitz als Augenscheinsobjekt. Anmerkungen zur Erforschung der Wahrheit im ersten Frankfurter Auschwitz-Prozess«, in: *Mittelweg 36*, Jg. 10 (2001), H. 1, S. 63–72.

4. »Auschwitz und die deutsche Strafjustiz«, u. d. Titel: »Auschwitz und die deutsche Strafjustiz: keine Erfolgsgeschichte. Der Frankfurter Auschwitz-Prozess und seine Wirkung auf das Recht«, in: *Recht und Politik. Vierteljahreshefte für Rechts- und Verwaltungspolitik*, Jg. 50 (2014), H. 2, S. 77–84.

5. »Stimmen der Opfer und der Täter. Der Tonbandmitschnitt« u. d. Titel: »Opfer und Täter: Zeugen der Shoah. Ein Tonbandmitschnitt vom ersten Frankfurter Auschwitz-Prozess als Geschichtsquelle«, in: *Tribüne. Zeitschrift zum Verständnis des Judentums*, Jg. 41 (2002), H. 162, S. 126–136.

6. »Deutsche Erinnerungskultur: Täterexkulpation und Opfergedenken« u. d. Titel: »Täterexkulpation und Opfergedenken.

40 Jahre Auschwitz-Urteil«, in: *Newsletter. Informationen des Fritz Bauer Instituts*, Nr. 27, Herbst 2005, S. 14–17.

7. »Fritz Bauers skeptische Bilanz zu den NS-Prozessen«, u. d. Titel: »(Un-)Begründete Selbstkritik. Überlegungen zu einer skeptischen Bilanz Fritz Bauers«, in: *Tribüne. Zeitschrift zum Verständnis des Judentums*, Jg. 49 (2009), H. 190, S. 124–132.

8. »›Gerechtigkeit erhöhet ein Volk.‹ Auschwitz-Prozess und Springer-Presse«, u. d. Titel: »›Gerechtigkeit erhöhet ein Volk.‹ Die Berichterstattung in *Bild* und *Welt* zum Frankfurter Auschwitz-Prozess (1963–1965)«, in: *Bild dir dein Volk! Axel Springer und die Juden*. Hrsg. von Fritz Backhaus, Dmitrij Belkin und Raphael Gross im Auftrag des Fritz Bauer Instituts und des Jüdischen Museums Frankfurt am Main. Göttingen: Wallstein Verlag, 2012, S. 79–86.

9. »Fritz Bauer im Dokumentar- und Spielfilm« (erweiterte Fassung), u. d. Titel: »Mediale Missgriffe: Fritz Bauer im Dokumentarfilm«, in: http://dieter-schenk.info/fritzbauer.html

PERSONENREGISTER

BÜCHER ZUM THEMA IN DER EUROPÄISCHEN VERLAGSANSTALT

Bernd Naumann berichtete 20 Monate im Auftrag der Frankfurter Allgemeinen Zeitung über den Prozessverlauf.

Bernd Naumann
Der Auschwitz-Prozess
Bericht über die Strafsache gegen
Mulka u.a. vor dem Schwurgericht
Frankfurt am Main 1963 – 1965.
Aktualisierte Neuausgabe mit einem
Vorwort von Werner Renz
331 Seiten, Broschur
ISBN 978-3-86393-049-3

»... dass vier große Nationen, erfüllt von ihrem Siege ...«

Das Militärtribunal von Nürnberg
Die Reden der Chefankläger neu gelesen und kommentiert
herausgegeben vom Nürnberger Menschenrechtszentrum
512 Seiten, Broschur
ISBN 978-3-86393-067-7

Auch als e-book erhältlich
ISBN 978-3-86393-531-3

Das Lebenstrauma des Thomas Gnielka

Thomas Gnielka
Als Kindersoldat in Auschwitz
Die Geschichte einer Klasse
Romanfragment und Dokumentation
Mit einem Nachwort von Norbert Frei
Herausgegeben von Kerstin Gnielka
und Werner Renz
3. Auflage
184 Seiten, Klappenbroschur
ISBN 978-3-86393-058-5

Auch als e-book erhältlich
ISBN 978-3-86393-526-9

Eine der umfassendsten Dokumentationen der Wirklichkeit in Auschwitz

H. G. Adler, Hermann Langbein, Ella Lingens-Reiner (Hrsg.)
Auschwitz. Zeugnisse und Berichte
Mit einer Einführung zur 6. Auflage von Katharina Stengel
310 Seiten, Broschur
ISBN 978-3-86393-097-4

Auch als e-book erhältlich
ISBN 978-3-86393-529-0

Ein Standardwerk über Politik, Justiz und Recht im Nationalsozialismus

Ernst Fraenkel
Der Doppelstaat
Mit einem Nachwort von Horst Dreier:
Was ist doppelt am »Doppelstaat«?
Zu Rezeption und Bedeutung der
klassischen Studie von Ernst Fraenkel
3. Auflage
315 Seiten, Broschur
ISBN 978-3-86393-019-6

Zygmunt Bauman über die Modernität des Bösen

Zygmunt Bauman
Dialektik der Ordnung
Die Moderne und der Holocaust
eva taschenbuch 105
253 Seiten, Broschur
ISBN 978-3-86393-098-1

Das ganze Verlagsprogramm finden Sie im Internet
unter www.europaeischeverlagsanstalt.de